名师名校名校长

凝聚名师共识
囤忘名师关怀
打造名师品牌
培育名师群体

小学科学现象教学的探索与实践

一位科学名师的教育微言

莫春荣 / 著

中国出版集团　现代出版社

图书在版编目（CIP）数据

小学科学现象教学的探索与实践：一位科学名师的
教育微言 / 莫春荣著. — 北京：现代出版社，2022.4

ISBN 978-7-5143-9868-7

Ⅰ.①小… Ⅱ.①莫… Ⅲ.①科学知识—教学研究—
小学 Ⅳ.①G623.62

中国版本图书馆CIP数据核字（2022）第047166号

小学科学现象教学的探索与实践：一位科学名师的教育微言

作　　者	莫春荣
责任编辑	窦艳秋
出版发行	现代出版社
地　　址	北京市安定门外安华里504号
邮政编码	100011
电　　话	010-64267325　64245264
网　　址	www.1980xd.com
印　　制	北京政采印刷服务有限公司
开　　本	710mm×1000mm　1/16
印　　张	12
字　　数	192千字
版　　次	2022年4月第1版　　2022年4月第1次印刷
书　　号	ISBN 978-7-5143-9868-7
定　　价	58.00元

目 录

第 一 章

早 期 探 索

关于小学自然教学改革的几点思考

　　我在小学自从事自然教学以来，一直致力于自然教学改革的探索与研究，积极运用科学探究的方法开展教学活动，取得了一些效果，总结了一些经验。现在，小学自然教学正在进行一场重大改革，即小学自然课将全面改版为小学科学课。虽然我校还未使用小学《科学》教材，但是根据小学科学课程标准所提出的新理念、新思路和新要求，我们反思过去自然教学过程中进行教学改革的探索与研究活动的一些认识和实践，发现由于对相关理论学习不够，对小学自然教学改革的许多方面都缺乏清醒和科学的认识，具体表现在以下几个方面。

一、对教材缺乏深入的理解

（一）只会"教教材"，而不是"用教材教"

　　在教学过程中常常把教学目标单一地定位于教知识，没有把知识的教学贯穿在培养能力、态度的过程中，也就没能把探究、情感、价值观的目标有机地和科学知识目标结合在一起。

（二）对教材内容的选择缺乏主动性和创造性

　　小学自然教材是全国统编教材，教材中的一些内容不太符合我校实情。但是，由于各种因素的制约，我们没有自编一些符合我校实情，能激发学生探究欲望，便于学生体验和理解，具有时代性和社会性，利于学生亲历科学学习过程，有利于学生情感态度与价值观的培养的教学内容充实到教材中去。

二、对教学目标的设定有一些偏颇

（一）过分强调知识目标的完成

一些教师虽然知道在教学过程中要注重培养学生学习的主动性和能动性，引导学生直接参与各种探究活动，在活动中培养学生学科学的兴趣和学科学的能力，但在实际教学过程中，总是不由自主地想方设法让学生知道和记住本课或本单元的知识点。若学生没有学会这些知识，就觉得没有完成教学目标。

（二）没有把教学目标落到实处

一些教师在教学过程中没有切实地把教学总目标落实到每一节课上，而是不切实际地期望学生在一节课内就能学会某一种技能，培养出某一种能力，养成某一种科学的态度和精神，使教学目标成为一句口号。

（三）没有把探究当成一种目标

探究既是自然教学中的学习方式，更应该是自然教学的学习目标。自然教学的学习活动要以探究为核心，给学生提供充分的探究机会，使他们像科学家那样在进行科学探究的过程中体验学习科学的乐趣，增长探究科学的能力和获取科学知识的能力，形成尊重事实、善于质疑的科学态度，认识科学发展的历史。

三、对探究活动存在一些误解

（一）机械地理解和实践科学探究

一些教师在引导学生开展科学探究活动时过分注重活动的程序，不敢漏掉一个环节，并且每个环节都试图充分展开，以为只有这样才是在引导学生进行科学探究活动。在这样的认识指导下，这些教师在教学设计上时常出现偏差，在教学过程中常常出现时间不够，课中轰轰烈烈，课后草草收场的现象，难以完成预期的教学任务。

（二）忽视情境的设置和问题的引导

科学探究活动是从问题开始的，一个适合探究的问题至少具有两个特征。

（1）必须是需要学生进行解释并且能够为学生所解释的。

（2）必须能激发学生的好奇心和探究欲望。

一些教师在教学过程中引导学生进行探究活动时往往急功近利，直接把问题抛给学生；或者对学生提出的问题简单处理后，提出想让学生了解的问题，而忽略了学生的想法。长此以往，学生就会改变提问题的习惯，去揣摩老师的心理，提出老师想要提出的问题，甚至会丧失提问题的兴趣。其实，教师要善于创设情境，并组织学生对自己提出的问题进行分析整理，肯定和鼓励学生乐于提问的行为，进一步激发学生提问题的积极性。

（三）习惯于让学生必须获得某一个结论

一些教师总是希望学生经历了探究活动后得出或获得某个科学的结论。其实由于在探究活动中各种因素的影响，学生有时并没有从对事物的感性认识上升到理性认知，亦没有概括归纳出某个科学理论或规律。这时候，这些教师会把这个科学理论或规律强加给学生。其实大可不必这样。我们应该允许学生针对某一问题，螺旋式、分阶段地开展科学探究活动。如果通过教师的引导，学生仍不能理解，那么就不必急于把这个科学理论或规律硬塞给学生，或让他们强行记住这一科学理论或规律，而应该待日后在适当的时候，再进一步开展这一题目的研究。否则，一方面，这可能超出了学生的理解能力；另一方面，我们常要求学生，不迷信专家，不唯书，不唯上，敢于向权威挑战，因此，我们也不能要求学生强行接受科学理论或规律，这是急需尽快转变的一个观念。

（四）没有处理好学生自主学习与教师指导的关系

自然教学在探究活动中强调学生的自主性，由于学生的认知水平等方面的限制，学生在探究活动中又离不开教师的指导。一些教师在组织学生开展探究活动时往往不太敢指导，怕戴上"牵着学生走"的帽子，更多的是在指导上把握不好介入的时机和程度（有时指导介入过早，有时指导的时间过多），以致阻碍了学生自主发现。而过晚的指导和过弱的指导则让学生过久地处于无助状态，从而影响探究活动的效率与效果。所以在学生的探究活动中，教师在指导上特别要注意做到适时和适度。

（五）把探究活动作为教学活动的唯一方式

一些教师为了体现学生的探究活动，所有学习内容都想通过探究的方式进行教学。不管什么学习内容，不管客观条件是否允许，不管时间是否可行，一味要求学生探究。其实，有许多科学的理论与规律是前辈们用了许多时间和精力甚至一辈子才研究得出来的，想让学生在课堂上通过短短几十分钟的探究活动就研究出来，那是非常不现实的。成功开展科学探究教学活动是受许多客观因素影响的，如时间、内容、材料等，所以，我们在自然教学中绝不能试图把所有的教学内容都用探究活动的方法进行，我们在积极实践"以探究为核心"的理念的同时，要注意多种教学方法的运用。

（六）重点只在探究的操作方法和技能上

教师在指导学生探究时，在科学探究的操作方法及操作技能上不必要求过高，当然也不能满足于学生自发探究的水平，而应当着眼于学生基本科学素养的提高。具体说来，探究活动的重点应放在以下四个方面。

（1）通过探究满足学生求知欲及培养学生对科学的情感。

（2）通过探究获得关于身边世界的理解。

（3）通过探究培养学生的思维能力，锻炼学生解决问题的能力、合作与交流的能力，培养学生科学的精神与态度，使其初步习得科学方法。

（4）逐步获得对科学探究本身及科学本质的理解。

（七）探究活动缺乏开放性

学生的探究活动往往是在一节课内完成的，一些教师把上课铃当作教学的起点，把下课铃当作教学的终点，把学生的探究活动束缚在40平方米的空间和40分钟的时间内。其实，教室外才是学生进行探究活动更为广阔的天地，我们更应该重视引导学生课后探究活动的开展，使他们以无比的激情，采集多种信息，运用各种方法去探索与研究五彩缤纷的世界。

四、没有建立科学的评价体系

自然教学的评价往往单纯由教师对学生的操作、表现、作业、测试等学业成绩分等排队，没有真正体现了解学生实际的学习和发展状况，以利于改进教学、促进学习，最终实现提高学生的科学素养的教学宗旨。具体表现如下。

（一）评价主体缺乏多元化

没有让学生参与教学评价，没有让学生反思自己的学习状况以及对教师教学状况提出自己的看法，更没有让学生家长、教育管理部门、科技管理部门以及社区有关组织和人士参与对科学课程的组织、实施、方法与效率等的评价。

（二）评价内容没有全面化

评价内容没有涵盖科学素养各方面的内容，也没有考查学生对科学概念与事实的理解，更没有评价学生在情感态度与价值观、科学探究的方法与能力、科学的行为与习惯等方面的变化和进步。

（三）评价方法缺少多样化

评价的方法往往是单纯的书面测验和考试，最多加上一些操作、作业、表现的评价。这样的评价方法已经不能适应教学改革的发展，运用多种方法对不同目标、不同内容进行教学评价势在必行。多样化的评价方法可以从教师观察、学生谈话、综合表现、活动记录、完成作业、研究成果、创造发明等多方面进行。

（四）评价时机没有全程化

自然教学评价往往是教学过程结束后再进行，没有伴随教学过程。其实，评价的最佳时机恰恰是在课堂教学过程中，这就需要教师随时关注学生在课堂上的表现与反应，及时给予必要的、适当的鼓励性、指导性评价。

科技体育进校园的实施策略

——以东莞松山湖中心小学为例

科技体育是指无须通过身体直接对抗，而运用特定的知识、技能、器材（科技含量高）体现成果和技术水平的体育活动。空模、海模、车模、建模、无线电测向等为人们所熟知的项目都属于科技体育的内容。科技体育是集科技性、竞技性、实践性、趣味性、观赏性于一身的体育项目，深受广大青少年喜爱。

推动科技体育走进校园意义重大。科技体育能弥补传统体育的许多不足，让学生从"逼我体育锻炼"到"我要体育锻炼"，真正做到娱悦心身，促进身心健康。

国家体育总局航空无线电模型运动管理中心主任李正梅表示："推动科技体育进校园，对于增强广大青少年学生的体质，提高在科技体育运动中运用科学知识、技术的能力，培养团队精神，磨炼意志品质具有极其重要的意义。"教育部已将科技体育纳入"体育、艺术2+1项目"，作为重点项目来抓，团中央也要求在青少年中广泛开展科技体育活动。为积极响应教育部与团中央的号召，推动科技体育进校园，东莞松山湖中心小学结合学校的实际情况，主要采取了以下策略。

一、立足课堂，让科技体育课程化

科技竞赛、科普活动不等同于科技体育，科技体育由学科教学、科技竞赛、科普活动三部分组成，科技竞赛、科普活动是科技体育教育的一部分。

东莞松山湖中心小学以"自主、和谐、共同发展"办学理念为指导，注重全体学生的全面发展，而不是仅仅关注少数"精英"的发展；注重学生知识与能力、过程与方法、情感态度与价值观三方面目标的全面发展，而不是仅仅关注知识或能力的发展；注重学生的个性发展，而不是使所有学生"模式化"发展；注重学生终身可持续发展，而不是仅仅关注学生某一阶段的发展；注重个人和社会的和谐发展，而不是仅仅关注个人的发展。

目前，东莞松山湖中心小学从基础型课程到拓展型课程、体验型课程，已经建立了一个洋溢着生命活力的"三位一体"课程体系。基础型课程追求情知互动，主要关注塑造精神生命；拓展型课程追求技趣互促，主要关注开琢自然生命；体验型课程追求道行互通，主要关注构建社会生命。东莞松山湖中心小学课程设置见表1。

表1

基础型课程				拓展型课程					体验型课程	
语文	数学	英语	科学	一手硬笔好字	一些文雅气质	一种探究习惯	一门兴趣课程	一项健身技能	主题体验活动	校园节文化
音乐	美术	体育	信息技术							

（一）基础型课程，注重课堂教学

科技体育教育最大的主阵地在课堂，开足科学、信息技术、做上学等科学类基础型课程，就为全校学生进行最有效的科技体育教育、为培养学生的科学素养打下了坚实的基础。

1. 师资配备齐全，人员有保障

学校现有专职科技体育教师5人，分别为东莞市学科带头人1人，全国优秀航模教练1人，市优秀科技辅导员1人，青年教师2人，师资配备齐全、年龄结构合理。

2. 器材配套完善，设备有保障

学校高标准建设了网络化的科学探究室2间，车模活动室1间，海模活动室1

间，空模活动室1间，并严格按照国家标准，开齐开足课时，学科教师一律在专用教室上课，违规者按照教学事故处理。

校园里有大家熟悉的"科技体育玩具"：广东省首个校内专业室外平路车跑道、室内平路车跑道、海模池、四驱车活动区等，让学生在学中玩、玩中学。

3. 教研操作并举，质量有保障

在科技类课程中开展"探究—研讨"教学模式的研究；在体育类课程中开展校本课程建设与应用的研究，做到科科有特色、课课有目标，以研究促高效。

具体操作中，三个多元、五个注重（教学目标多元化、教学形式多元化、教学评价多元化，注重与生活结合、注重科学与探究、注重批判与创新、注重沟通与交流、注重合作与分享）形成了我校科技体育教育课堂教学的独特风格。

学校教师撰写的科技体育教育论文共有20多篇获市级以上奖励或发表，其中《浅谈教育生态平衡的理论在航模活动中的应用》获全国二等奖，《享受飞翔的快乐，体验成功的喜悦》发表在《师资建设》上，《航模科技活动进校园的实施策略与效果》被收录到《岭南科教涌春潮——第二届泛珠三角科技教师论坛论文集》中。

（二）拓展型课程，注重拓展与延伸

课程的整合及国家课程校本化是很多校长在探讨的问题。中心小学将校本课程、地方课程和综合实践活动课程整合为拓展型课程。拓展型课程"五个一"中，有三门课程与科技体育教育相关。

1. 让学生拥有一种探究习惯——做上学

做上学由科学和数学学科拓展而来，课程的教学内容以省编综合实践活动资源包为主，补充了数学学科拓展而来的"七巧板"、科学学科拓展而来的"小实验"，教学进度安排到年级及周次，评价也明确具体，操作性强，解决了综合实践活动在实施上的困难，使之常态化且有效。

2. 让学生拥有一门兴趣课程——兴趣与个性

兴趣与个性课程主要由音乐、美术学科拓展而来，有学科类、体育类、艺术类、科普类4个系列20多个选项供学生选择，其中与科技体育教育相关的项目有空模、海模、车模、建模等。这些活动的开展都有专用的场地和固定的活动时间，让科技体育活动课程化，使科技体育活动有了持久的生命力。

3. 一项健身技能——阳光体育

阳光体育课程主要由体育学科拓展而来，一至六年级开设，全体学生参加，目前以跳绳、毽球等运动项目为主。阳光体育课程以培养学生的健身技能、提高学生身体素质为目的，它是常态课，不是临时活动。

科技竞赛是科技体育类拓展型课程的延伸。学校每年都会组织各学校中的优秀学生参加各级各类科技竞赛，且取得了优异的成绩，共有23人获全国个人一等奖，多名选手荣获金牌、银牌，并三次开创东莞历史先河。

（1）2012年8月，杜明昊参加全国青少年航空航天模型锦标赛，荣获自旋翼模型火箭金牌，这是东莞小学生获得的首枚全国航天模型锦标赛金牌。

（2）2012年9月，2名学生入选国家航天模型集训队，代表中国参加在斯洛伐克举行的世界航天模型锦标赛。这是东莞有史以来，小学生参加世界航天模型锦标赛的历史。

（3）2013年，杜明昊成为东莞首位获"航空模型一级运动员"称号的学生。

二、与节结合，让科技体育活动化

校园节文化有读书节、艺术节、体育节、科技节，两年一个周期，与科技体育教育相关的是科技节与体育节。

每两年一次的科技节已形成主题性科技实践活动，贯穿科技节的活动模式。活动的实施阶段分为体验阶段、竞赛阶段、展示阶段，层层深入的活动模式，使活动的成效更高，深受学生喜爱。

中心小学科技节的亮点有四个。

（1）以主题性科技实践活动贯穿整个科技节。2007年的主题是"童心看世界　巧手玩科学"，2009年的主题是"雏鹰展翅　放飞理想"，2011年的主题是"让绿色成为生命的主旋律"，2013年的主题是"让科技走进生活"。

（2）历时时间长。一般是从2月底3月初到6月初。

（3）活动丰富多样。下面以2009年"雏鹰展翅　放飞理想"为例。

① 在体验阶段，发放《航空航天》知识手册、观看航空与科技方面的科普影片、班级开展"航空与科技"主题班队会、办相关内容的黑板报、阅读航空与科技方面的科普书籍，深入了解科技与生活。

② 在竞赛阶段，开展征文比赛、手抄报、科幻画、科技小制作、知识竞赛等一系列比赛活动，重在普及的基础上进行激励，让学生在参与的过程中关注科学素养的形成，培养探究习惯和探究技能、创造力和想象力。

③ 在展示阶段，进行成果的集中展示，既有静态展示，如手抄报、征文、科幻画等，又有现场的知识竞赛、七巧板比赛，做到动静结合。

（4）师生参与率达100%。每个年级选择1~2项内容，以班为单位，全员参与。班主任负责指导、组织。

2009年，"雏鹰展翅　放飞理想"科技实践活动获全国科技创新大赛优秀科技实践活动评比一等奖。

每两年一次的体育节已形成"竞赛+活动+展示"的活动模式。科技体育是展示活动的一个重要组成部分，包括空模、海模、车模、纸飞机等。

通过与科技节、体育节结合，科技体育走进了校园，走进了学生的学习与生活，成为学生喜爱的一项活动。

三、注重开放，使科技体育生活化

（一）开放活动场所

开展科技体育，需要特定的活动场所：车模需要跑道，海模需要海模池，空模需要大的空域。为了让科技体育在校园蓬勃发展，中心小学建设了开放式的航模科技长廊、科技体育室、四驱车跑道、海模池，学生可以在课余时间随意参观、使用这些活动场所。这些不但给学生营造了科技体育的氛围，增长了学生的知识，而且使学生参与科技体育更自主、更随意，使科技体育真正走进校园，走进学生的生活世界。

（二）让家长参与

学生想参加科技体育活动，首先要得到家长的支持，而许多家长对科技体育了解不多，甚至不知道科技体育为何物。每年的六一儿童节或者学生社团开放日是家长们了解学校、了解科技体育的一个窗口。为了让更多家长了解科技体育，中心小学每一次的学生社团开放日都会在最后一个环节安排一个亲子活动内容：与爸爸妈妈一起体验科技体育活动或者参加科技体育竞赛。当家长们看到模型火箭直冲云霄、遥控模型飞机在天空中自由飞翔，孩子们操纵遥控车在跑道上风驰电掣、遥控船在海模池自由游弋时，他们纷纷咨询：学校里面有没有开展科技体育活动，参加的条件是什么？我的小孩能不能参加？家长认识了科技体育为何物，也就会支持孩子参加科技体育，从而形成了良好的群众基础。

（三）注重宣传

科技体育之所以能在中心小学蓬勃发展，除了领导重视、家长的支持之外，还有一个重要原因，那就是媒体的关注。东莞电视台、松山湖电视台、《东莞日报》、《东莞少年报》、东莞阳光网一直在关注中心小学科技体育的开展，并及时给予报道。例如，东莞阳光网2007年7月30日发表文章《松山湖学校航模队在全国决赛中取得骄人成绩》，2008年9月25日发表文章《莫春荣：我的神七发射》，2008年9月27日发表文章《"小黑妞"的蓝天梦》，2009年8月26日发表文章《全国航模大赛松山湖中心小学荣获佳绩》，2009年9月9日发表文章《松山湖中心小学：全国航模大赛满载而归》；2008年10月7日，《东莞日报》报道《校园掀起航模热》；2009年12月16日发表文章《我心飞翔——东莞松山湖中心小学航模队侧记》。另外，学校开设了航模队的博客"我心飞翔"，架设了与全国、全市各地航模爱好者沟通的桥梁。学校通过多渠道的沟通，极大地提高了科技体育的社会关注度。

东莞松山湖中心小学科技体育以课堂为基石，依托拓展型课程，搭建科技节、科技竞赛等大舞台，在校园内营造了良好的科技体育教育氛围，取得了显著的效果：学校荣获全国科技体育传统学校、全国航空特色学校、全国科技教育示范单位、中国当代特色学校十强学校、广东省青少年科学教育特色学校、广东省航空航天科技教育定点学校、广东省青少年科技教育活动先进集体、东莞市青少年科技活动先进学校等荣誉称号。

科技体育有利于培养青少年的科学素养和体育精神，在素质教育中占有极为重要的地位，将是"中国梦""强国梦"的基石，是一个永恒的话题，也是一个艰巨的任务。作为一所年轻的学校，松山湖中心小学科技体育之路才刚刚开始，将会继续立足课程，脚踏实地，努力前行，让科技体育之花绽放校园。

4C理论视角下的小学科学教学的实践与研究

2011年6月27日，美国2011年国家年度教师奖获得者米歇尔·谢尔女士来到中国。作为获奖者的一项殊荣，年度教师在当选后的一年里会到美国国内与海外巡回交流，而中国是她的首个访问国。于是就有了《和美国国家年度教师面对面》这篇文章。笔者多次认真阅读这篇文章，深有感触，特别是米歇尔对教育理念的理解与阐述。反思中国的小学科学，经历了10年课改，在教育理念方面也有了很大的变化和进步，但是由于受过去的理念影响，大家还是较注重知识与技能，强调3R（读、写、算）。那么，如何在科学课堂中培养学生的4C（批判性地思考、创造性地解决问题、合作、交往），笔者尝试着在小学科学课堂中从以下几个方面进行实践与研究。

一、引导学生敢于质疑，培养学生的批判思维

教育心理学提倡进行批判性思维教育，我们应该有意识地培养学生的批判性思维。在实际教学过程中，教师往往都喜欢预设一个所谓的"标准答案"，期盼学生通过思考寻找到这个"标准答案"。"标准答案"使学生学会了揣摩，从教师的角度去思考问题，却失去了思考的真正意义，只有服从，没有批判。然而，在实际生活中很多问题的答案并不是唯一的，非黑即白、非好即坏都太过绝对。因此，我们在引导学生思考问题的时候，不能让学生仅仅思考发生了什么，更要让学生学会追问怎样发生的，发生的原因有哪些，进一步学会猜想，同时思考有什么事例可以验证、支持这些猜想。

我们要鼓励和培养学生的批判性思维，就要在教学过程中给学生创设有

争议的话题或问题。在探究的过程中，学生往往会在争议话题的基础上对一个问题探讨得更深入、更透彻，并尝试解决问题，从而促进批判性思维的发展。每当遇到这种情况，笔者一般不发表自己的观点，而是作为一个旁观者倾听，或者作为一名参与者和学生一起争论，引导学生自由地从不同方面、多个视角去思考和探究问题。通过思与辩，学生懂得了思考，学会了批判。例如，在教学"热往哪里传"（粤教科技版四年级上册）活动"水温的变化"，学生在探究水温的变化时，一个小组的学生发现：他们测量时，烧杯中的水的温度下降了，但是水槽中的水却一直没变化。这和他们的前概念"烧杯中水的温度下降，水槽中的水温度上升"不一样。当他们举手向老师汇报这个问题时，老师并没有给予直接的答复，而是引导他们试着猜：为什么会这样？有可能是什么原因？如何进行验证？

他们有的猜可能是其中一支温度计坏了，有的猜可能是烧杯中水的温度不够高，有的猜烧杯中的水不够多，有的猜是水槽中的温度计离烧杯太远……老师没有当权威给出决定性的意见，而是和学生一起猜，一起验证，结果还真是温度计坏了。在这个过程中，学生的积极性十分高涨，他们的批判性思维也得到了提高。

二、引导学生乐于合作，培养学生的合作意识

目前，我国小学教育仍然是有意培养学生的竞争意识。笔者认为，作为教育者，我们还是应该多采用合作学习的方式进行教学，有意识地培养学生的合作意识。特别是以探究为核心的小学科学学科，在一般情况下，小学生要想一个人独自完成相关的教学内容，达到预设的教学目标，难度非常大。如果能够发挥小组的集体智慧，小组成员之间互相合作、相互交流、集思广益，就能够顺利地完成学习任务，实现高效课堂。

（一）创设合作学习的氛围

要想培养学生合作学习的意识，首先要创设合作学习的氛围。教师在激发学生探究兴趣的基础上，要善于引导小组进行分工合作。教师要培养组长，使其担任小组合作学习的负责人，对合作学习的任务进行分工（如谁负责操作，

谁负责记录，等等）。同时，教师要教育和引导组长学会根据教学任务或者实验现象，组织小组成员进行讨论。教师在教学过程中要善于利用汇报交流环节组织各小组之间进行思维的交流，彼此借鉴。合作学习的形式可以多样化，包括同桌互帮式、四人小组研讨式、各小组协助式等。教师可以充分利用评价，鼓励学生进行合作学习，创设合作学习的良好氛围，让学生的思维发生碰撞，让学生迸发出更多的灵感和创意，从而体验合作学习的成就和乐趣。

（二）搭建合作学习的平台

要想让学生乐于合作，善于合作，就要想方设法给学生搭建合作学习的平台。首先在准备器材时，就要巧妙地进行设计与引导。例如，探究"水温的变化"，教材中要求提供一个烧杯、一个水槽、两支温度计、一个铁架台，但在实际教学中，为了引导学生自觉合作学习，不给学生提供铁架台，给每个小组准备一块秒表，要求学生每隔3分钟进行一次读数，同时记录测量结果。这样，学生自然而然地想到分工协助，并体验到合作学习的优势与乐趣。

（三）激发合作学习的兴趣

学生学习的兴趣有很多时候来自教师的肯定和鼓励。在教学过程中，笔者经常充分利用学习评价来激发学生合作学习的激情与兴趣。评价方式包括老师评、小组评、同伴评等。首先，笔者根据每个小组是否全员参与合作学习、参与的积极性、讨论的认真程度、设计方案是否科学、记录是否详细等对小组进行评价。小组长根据小组成员在小组合作学习过程中的表现，包括合作、服从、态度等进行评价。同时，各小组成员也要对小组长在小组合作学习过程中的表现，包括分工、组织、态度进行评价。这样，通过教师点评、学生互评，学生在学习中得到认识和肯定，进一步激发合作学习的热情。

三、引导学生善于交流，培养学生的沟通能力

沟通与交流是人类集体活动的基础，是人际情感的基石，对于人的一生都具有极其重要的意义。沟通和交流能够引发学生矛盾的聚焦、思维的碰撞，发挥集体的智慧去探究科学规律。我们要充分认识到沟通和交流的重要性，想方设法让学生敢于交流、善于交流。

（一）进行适当引导，让学生学会交流

教师要根据课堂教学中的实际内容与活动，引导学生学会多思："是什么？""为什么？""有什么？""怎么样？"学会多问："你是怎样想的？""你有什么办法验明？""你打算如何改进？"促进课堂教学过程中师生之间、生生之间的沟通和交流的深入开展。

（二）营造良好氛围，让学生敢于交流

教师在课堂教学过程中要密切关注交流的气氛、学生的心态，给学生营造一种自由、宽松、平等的学习氛围。教师要对每个学生抱着鼓励和支持的态度，对学生不同的想法不要随意否定，而是及时肯定；对学生的新发现、新体会，不管是对还是错，都要给予恰当的鼓励。这样，学生就敢于交流，不再畏惧沟通了。对于平时交流比较困难的学生，教师要给予特别的关注，对他的一点点进步，都要及时给予肯定与表扬，让他逐步建立交流的信心，激发他学习交流的激情。

（三）学会倾听对话，让学生善于交流

在实际教学过程中，笔者发现，许多学生在交流过程中往往是积极发言，喜欢讲，却不太愿意听别人发言。因此，笔者常常问学生："人为什么要长一张嘴、两只耳朵，而不是一只耳朵、两张嘴？"进而引导学生明白善于倾听别人的意见，才会使自己更加聪明。在学生倾听的基础上，笔者进一步引导学生怎样倾听：一想一想，即别人说的主要意思是什么；二想一想，即他为什么会这样想；三想一想，即别人还有什么考虑不周到或错漏的地方。在听完别人发言后还要学会对话。通过对话，碰撞思维，才能真正沟通和交流。如："我可不可以这样理解？""你怎样解释这个现象呢？""我不同的意见是……""我想对方案进行这样改进……"

四、引导学生勇于创造，培养学生的创新能力

创新能力是人最重要和最有价值的一种能力，它对于一个学生将来的成就极具影响力，并起着关键性的作用。在学生创新能力培养方面，教师应做好以下几个方面工作。

（一）观察能力的培养

观察能力是创新的基础，是探究与发现问题的重要方法和途径之一。要培养学生的创新能力，首先要让学生练就一双"慧眼"，让他们具有敏锐的观察力，这样才可能随时捕捉到新现象、新变化；有了新发现，才有机会进行分析、研讨，才有机会找到新规律。

（二）思维能力的培养

思维能力是创新能力的核心，它在不断思考的过程中发展和提高。在小学科学教学过程中，培养学生的思维能力应从以下几个方面着手。

1. 精心设计，激发学生思考

有了问题，才有思考。思维总是从问题是怎么产生的，问题应该如何解决开始的。因此，在科学教学过程中，教师要善于抛出新、奇、趣的问题，创设教学情境，为学生提供思维的原动力，使他们自然而然地对问题进行思考、分析、比较，从而对知识逐步认识和理解。例如，教学"有趣的磁现象"，探究磁铁中哪个部分磁性最强时，先做一个铺垫，问：一大一小两块磁铁，哪个磁力强？在学生验证后，再进一步发问：在一个磁铁各部分磁力有没有大小之分呢？如何来验证呢？再如，在学生认识了一块磁铁中磁性最强的部分叫作磁极，分别是南极和北极之后，抛出新问题：摔断了的磁铁，还有两个磁极吗？它的磁极在哪里？这样，学生就会带着强烈的疑问，自觉思考并进入探究的状态。

2. 收集信息，引导学生发现

科学探究活动就是引导学生通过观察、调查、实验，收集信息、整理信息，然后实时进行沟通交流、讨论归纳，发现事物的规律及原理。而收集信息、整理信息，然后讨论、归纳的过程就是学生思维发展的过程，对学生思维能力的培养具有重要意义。例如，教学"弹力"（粤教科技版四年级下册），让学生玩橡皮筋、尺子、弹簧、海绵，然后让学生把观察到的现象记录下来，见表1。

表1

物体	动作1	变化1	动作2	变化2
橡皮筋	拉	变长，变细	松手	变回原样
尺子	压	变弯	松手	变直
弹簧	拉	变长	松手	变回原样
海绵	捏	变小	松手	变回原样

　　然后要求用一句话来概括这些现象，在老师的引导下，学生发现具体规律，见表2。

表2

物体	动作1	变化1	动作2	变化2
橡皮筋	拉	变长，变细	松手	变回原样
尺子	压	变弯	松手	变直
弹簧	拉	变长	松手	变回原样
海绵	捏	变小	松手	变回原样
物体	受到外力	形状发生变化	外力撤销	恢复原来的形状

　　从而得出：物体在外力作用下，形状会发生变化。当外力撤销后，它又恢复了原来的形状。我们说这些物体具有弹性。物体因为形状发生变化而产生的力，叫作弹力。

（三）创新意识的培养

　　创新意识是人们进行创造活动的出发点和内在动力，是创造性思维和创造力的前提。而好奇心是创新意识的潜能，是创新意识的萌芽。人类的发明创造都源于好奇之心，如鲁班因手被小草划破而发明了锯子，瓦特由水开时壶盖掀动而成功地发明了蒸汽机，牛顿因苹果从树上坠落而发现了万有引力。这些发明和发现均与发明者或发现者具有强烈的好奇心有关。提高人的好奇心是培养创造力的重中之重。因此在课堂教学中，我们要有意识地保护和培养学生的好奇心，鼓励学生进行奇思妙想。例如，在引导学生制作"糖玻璃"时，学生非常感兴趣，笔者加以引导："你有办法做出与众不同的'糖玻璃'吗？"结果，学生奇招百出："老师，我能不能把'糖玻璃'做成爱心形，送给我的妈妈？""老师，您喜欢什么水果？我想做水果'糖玻璃'送给你。""老师，可以用榴梿糖来做'糖玻璃'吗？我喜欢榴梿味的。"第二节科学课，笔者收到了各式各样、各种味道的充满创意的"糖玻璃"，心里甜蜜蜜的。

近年来，通过坚持在实际教学过程中从以上四个方面进行实践，笔者发现，学生身上有了显著的变化：他们对教师、教材的说法敢于问为什么，敢于向权威质疑；他们学会了分工合作，共同进行实验研究、调查分析；他们有兴趣、积极主动地与他人分享和交流研究成果；他们学会了根据问题设计方案进行验证，学会了创造性地解决问题……

教育不是灌满一桶水，而是点燃一把火。如果我们都能够在科学教学中为学生点燃一把火，点燃学生对自己的期望，鼓励他们勇于探索，鼓励他们迎接挑战，他们一定会拥有光明的未来。

教育生态平衡理论下的小学科学
课堂教学的实践与研究

教育生态平衡是应用生态学的原理，特别是生态系统、生态平衡、协同进化等原理与机制，研究各种教育现象及其成因，进而掌握教育发展的规律，揭示教育发展的趋势和方向。其精神实质可以概括为以人为本，和谐共生。

具体到课堂教学，教育生态平衡主要有以下三个方面的含义。

其一，它是课堂教学生态环境的理想境界，以教学关系为主的课堂教学活动与学生身心发展关系和谐。

其二，它的根本意义是最大限度地促进学生的全面发展与和谐发展。

其三，要按照生态学原理，借助自然生态学的系统观、联系观、动态观来考察和解决课堂教学过程中"本体自然""体外自然"问题以及两者之间的矛盾，并通过两者的调适和超越，实现教育的和谐发展和良性循环。

近三年来，笔者结合本校的办学宗旨、办学理念、办学特色，尝试把教育生态平衡运用到小学科学课堂教学中来，主要从以下两个方面实施。

一、建构小学科学课堂教学的生态环境

课堂教学生态环境可分为三类：客体性课堂教学生态环境、派生性课堂教学生态环境和课堂教学生态主体。

（一）客体性课堂教学生态环境

客体性课堂教学生态环境指那些独立于课堂教学生态主体而客观存在的课

堂教学生态环境因素，主要包括一些物理因素，如教室的颜色、温度、课桌、光线和照明等。苏霍姆林斯基也说："只有创造一个教育人的环境，教育才能收到预期的效果。"作为学习和受教育的基地——科学教室，其环境对学生会产生潜移默化的作用。通过对科学教室环境的精心设计与布置，营造出一个整洁、美观的课堂教学生态环境，能给学生创造良好的学习氛围，增添学习的乐趣，提高学习效率，也有助于培养学生正确的审美观，使其养成文明行为习惯，陶冶学生的情操。在建构科学课堂教学的客体性生态环境方面，我们主要做了三个工程。

1. 净化工程

地面、实验桌、实验柜、讲台、阳台、黑板等卫生由学生负责，全班学生人人参与，桌面每周用湿抹布蘸洗衣粉擦拭一次，窗户每周用报纸擦拭一次，每天扫一次地，拖一次地，达到窗户明亮，阳台无灰，黑板无尘，地面无纸，桌椅整齐，桌面洁净。

2. 美化工程

结合教学任务，五年级的每个学生带来一盆自己种植的植物，放在教室里，建成一个小花园，在讲台上摆上一盆最美的粉掌花，在阳台的栏杆上缠绕一些绿色的缠绕植物，使教室成为一个赏心悦目的美丽花园。

3. 文化工程

我们主要通过下面几种方式来营造一个彰显科学特色，具有交流互动作用的学习环境。

（1）坚持用名人名言教育学生。我让学生推荐大家熟悉的、具有代表性的科学名家或者科学家的名言，加上推荐人的照片与感言，做成一块块独立的展板，挂在教室四面墙壁上。

（2）开辟科学园地。我在科学教室后墙壁上开辟了一个科学园地，利用这个园地，不定期地展示不同专题、不同形式的科学专栏，使之成为各班级学生信息交流，师生互相沟通了解，培养学生科学兴趣及科学素养的重要媒体。小小的一面墙就是大大的一片天。在这里，时而展示班级活动剪影，时而粘贴学生发表的科学小论文，时而展出学生的获奖作品，时而刊出丰富精彩的科学剪报。一篇篇图文并茂、文质精美的文章折射出学生的科学智慧，一张张精美的照片反映了学生多彩的探究活动，一期期剪报集科学知识、奇闻趣事、未解之谜于一身，一份份研究报告融科学素养、创新精神和实践能力为一体。学生在这里了解生活，了解科学……

（二）派生性课堂教学生态环境

派生性课堂教学生态环境指那些由课堂教学生态主体派生而形成的课堂教学生态环境因素，主要包括人际关系、管理制度和学习风气等。

1. 构建良好的人际关系

人际关系一般是指人与人之间的社会关系和心理关系，是在一定群体中，在人们相互交往的过程中所形成的比较稳定而又持久的关系。科学课堂教学人际关系主要包括教师与学生之间的关系和学生与学生之间的关系。建设良好的人际关系要注意在教学中教学语言及肢体语言的使用，让学生觉得老师可敬可亲；在课外要注意关注学生的兴趣与爱好，与学生玩到一块，走进学生的心灵世界；要注意引导学生在教学活动中学会团结协助，共同完成任务。良好的人际关系有助于促进教师与学生之间、学生与学生之间的密切交流和合作，有助于更好地发挥班级集体效应。

2. 制定科学合理的管理制度

管理制度包括候课制度、听课要求、实验操作。

（1）候课制度从时间上要求学生课前三分钟带书和笔到科学实验室门口列队等候。列队要求：左手拿书和笔，自然下垂；右手五指并拢，自然下垂；两腿跨立，与肩同宽；抬头挺胸，目视前方。学生经老师允许方可进入教室。

（2）规范听课要求。进入教室，要保持安静，端正坐姿（两手平放，两脚平放，目视前方），注意力集中，专心听讲，讨论积极，举手大方，回答完整。

（3）规范实验操作。教育学生懂得未经允许不得开水龙头、开电源开关，不得私自触碰实验器材。实验时要注意实验操作与规范，学会分工，学会合作。实验后要整理好实验仪器，按要求整齐摆放在桌上。

3. 形成良好的学习风气

形成良好的学习风气树立榜样作用，教师要多表扬善于思考、勤于动手、积极探究、懂得合作的学生，鼓励学生多看书、多观察、多思考，学会发现问题，学会问为什么；引导科学尖子生帮扶后进生，共同进步，共同体验成功的快乐。

（三）课堂教学生态主体

课堂教学生态主体主要包括教师个人因素和学生个人因素。

1. 不断学习，提高个人素质，展示个人魅力

在学生的眼中，老师是神圣的，也是万能的。作为一名科学教师特别要注意在教学过程中不断探索与学习，从许多优秀教师身上获取经验，结合自身的特点，充分利用语言、表情、肢体语言，逐步形成自己独特的"幽默风趣，灵活生动"的教学风格。此外，科学教师要经常抽时间看一些学生喜爱看的《奥秘世界百科全书》《世界未解之谜》《十万个为什么》等书籍，力求掌握、了解更多的科学知识，不求做到万事通，尽力做到百事通、千事通，能与学生一起沟通和交流。

2. 注重激发学生学习的兴趣，引导他们学会发现问题，并勇于尝试分析与研究

在学生第一次接触《科学》时，开好这个头，对学生学习科学的兴趣有深远的影响。因此，在教学"走进科学课"一课时，我除了引用课本的实验外，还查找了许多很有趣的实验，如"烧不断的头发""火苗穿网""自动录音机"等，让学生在课堂中学，回到家里与家长一起进行实验和探究，使他们学会发现问题，勇于探究，亲身体验科学的神奇与乐趣。

二、形成生态化的科学课堂教学模式

无论是杜威提倡的"教育即生活"，还是陶行知提倡的"生活即教育"，都主张教育与生活的一致，因此，我在科学教学中比较注重结合生活实际，让学生学会探究。结合教育生态平衡理论，我通过学习、摸索与研究，逐步形成了科学课堂教学"探究—研讨"式的教学模式，其教学流程是发现问题—提出问题—猜想假设—设计实验—实验验证—整理归纳—总结交流，即在科学课中引导学生在学习情境中通过观察、阅读，发现问题，然后进行大胆猜想，自行设计实验，小组分工合作，共同完成实验进行验证，最后讨论分析，得出结论并解决问题。主要通过以下三个方面实施。

（一）在课堂上，学会探究过程与方法

例如，"盐到哪里去了"一课教学，我先让学生观察实验：把盐放入水中搅拌，把沙放入水中搅拌，观察发生了什么现象，发现了什么问题；然后让学生猜想：把味精、白糖、锯末、泡沫粒放入水中会有什么现象；接着让学生设计实验：第一步做什么，第二步做什么，第三步做什么；之后让学生进行合理分工，合作实验：分别把味精、白糖、泡沫粒放入水中，进行搅拌；最后，讨论、总结、得出结论：盐、味精、白糖放入水中会变成微粒，均匀地分散在水中，沙、锯末、泡沫粒放入水中或沉或浮，没有变成微粒。又如，"如何让植物长得更好"，先让学生猜想植物的成长与什么有关系，学生猜想可能与肥料、水、阳光、温度、泥土、空气有关系，还有的学生猜想可能与听音乐、看电视、喝牛奶……然后自己想办法设计实验来验证猜想，之后回到家中进行实验验证……最后他们发现了听音乐、看电视可以让植物长得更好。

（二）在课后，引导学生结合生活继续研究

探究活动不应局限于科学课的课堂，而应延伸到生活中，才能更大地发挥它的无穷魅力。因此，我常常布置一些课外作业，让学生带回家去，独立完成或请家长协助一起研究完成。

1. 扦插植物

学完"落地生根"后，我布置学生回家用扦插法繁殖一棵植物，并把自己的发现和收获记录下来。此项活动持续时间有一个多月，学生对扦插植物、种植养护进行仔细观察与研究。当他们发现扦插的植物长出新芽，当他们看到经的手为这个世界增添的片片绿意时，他们欢呼雀跃；其中，有些学生发现扦插的植物没有成功，枯萎了，他们很伤心，对着那干枯的枝条，深深地沉思：为什么别人的植物发芽了，为什么自己的植物枯萎了，是什么原因造成的呢？是雨水太多或太干旱，还是虫害或养分问题，抑或是扦插方法的问题？

2. 研究薇甘菊在东莞的分布与危害

在了解了薇甘菊的危害并发现校园里也有薇甘菊后，学生纷纷行动起来，对东莞市33个镇区（包括松山湖）的名山、风景区、果林、荒地、河道、公园、校园进行调查，从而对薇甘菊在东莞的分布与危害以及防治方法有了更深刻的了解。

3. 水果变色的成因

在科学课上研究发现苹果削皮后不久就有了变化：变色了。你知道其他水果削皮后会变色吗？你猜想水果变色跟什么因素有关？你有办法证明吗？你有什么办法让水果削皮后不变色呢？

4. 去污比赛

你知道哪些巧妙又环保的去污方法？请邀请你的爸爸妈妈一起参加去污比赛，记得把你的去污方法和过程记下来与大家分享哦！

学生对这些作业很感兴趣，都会利用课余时间进行研究。家长也很肯定这种做法，特别支持，甚至和学生一起参与到研究活动中来。

（三）充分利用博客，加强交流与互动，让家长参与探究

我在每个班的博客中都开设了一个科学栏目，结合本班的特色，命名为科学天地、科学星空、科学之窗等，把学生在科学课上的表现、收获、探究的心得体会以及点点滴滴的进步，用文字和图片的形式展示出来；另外，安排科学科代表每周把科学作业都放在上面，并提议家长与学生一起完成。这一做法得到了学生、家长的大力支持，他们非常积极地在博客上面回复，把进行探究活动的过程、收获、体会写出来与大家分享，使得科学栏目成为老师、学生、家长进行科学探究活动的交流乐园。现摘录部分家长、学生、教师的回复。

Re：变色的苹果

为了防止切开后的苹果变色，可以不让它与空气接触，最好的办法是把苹果泡在盐水里15分钟。或者在苹果的切面上滴点柠檬汁，不但不变色，还能保持原来的风味。

邓昕红（游客）

昨天榨苹果汁的时候一下子没喝完，一会儿就变成黑的了，现在同学们教给我这么多的方法，下次我就知道怎么做了。谢谢爱科学的孩子们！

王老师（游客）

Re：科学期末考核

同意文彪家长的看法，通过实验，孩子们会有成就感的！

肇雍爸（游客）

多让学生做一些实验、实践，去感受、观察。这次科学期末考核做得很好，能让学生从实践中感受、观察、体验。

文彪家长（游客）

Re：隐形墨水

今天是母亲节，我想为妈妈做一张贺卡。我先准备了一张素描纸，然后拿一支棉签蘸上苹果汁，慢慢地在纸上写"祝母亲节快乐"这几个字。再拿给妈妈看，说："妈妈，这是我母亲节送给你的礼物，我在这张纸上写了字。"妈妈看了说："这分明是一张白纸，上面哪有什么字呀？"我笑着对妈妈说："我的确在上面写了字，但这字是'隐形'的，你得想想办法把字显示出来。"妈妈想尽办法都未成功，叫我直接把字弄出来。我把纸拿到厨房，均匀地把纸放在火上烤。清晰的字显示出来了，我立刻把纸拿给妈妈看，妈妈笑着说："哦，原来是这样！"

陈德铭（游客）

今天是母亲节，我送给妈妈一张贺卡。我先用梨汁在纸上写上字，然后在纸背面烤。大约烤了15分钟，字出来了，字还有些梨的香味呢！我送给了妈妈，妈妈很高兴。

钟倩华（游客）

总之，应用教育生态平衡理论，构建科学课堂教学的生态环境，形成生态化的科学课堂教学模式，主要是积极调动科学课堂内外的一切因素，创设科学课堂教学情境，促进科学知识的转移，促进学生的全面发展。这让置身其中的老师、学生享受到科学教学所带来的乐趣，让科学课堂真正成为师生的乐园，让科学教学在生态平衡的发展中实现教育目标。

小学科学课堂"情知互动"的探索与实践

情知互动是指教学过程中人与人的互动，包括教师与学生的互动、学生与学生的互动、个人与群体的互动。情与知的互动包括教师在教的过程中情与知的互动、学生在学的过程中情与知的互动。

在教学过程中，教师充分发掘、利用各种潜在的情知因素，启动、维护、强化人与人的互动和情与知的互动，使学生在情与知的互动中发展情与知，使课堂教学成为一种充满情知氛围和生命活力的课堂生活。

近年来，我尝试让小学科学课堂走向情知互动，着重从以下几个方面进行有效的探索和实践。

一、教学内容生活化，让科学融入生活

教学内容生活化强调对教材进行改造，目的在于使之具有可探索性，扩大学生获取直接经验的空间，使之成为有价值的生活原型，使课堂教学既是一个教与学的过程，更是一个经过加工的实践过程。

科学知识都能在现实生活中找到原型，教师应将学生熟悉的生活情境和感兴趣的事物作为教学活动的切入点，努力在学生生活与科学教学之间建立一种相似或相对的联系，使学生深切感受到科学原来源于生活，从而使学生产生学习科学的兴趣。

（一）适当改动教学内容

教材的编写受到地域、文化、时间、民俗差异的影响，使部分教学内容与各地的生活实际不符，这就需要教师灵活地使用教材，甚至对教学内容进行适

当的改动，使之更具生活化。通常可从以下几个方面着手。

（1）改素材。在教材中，编者所提供的只是一个范例，这些例子不一定是每个学生都熟悉的，需要教师结合学生的生活实际改编素材或者增加一些贴近生活、贴近学生实际的素材。例如，粤教科技版四年级下册第2单元第5课"健康饮食"活动1"饺子里有什么"，可以根据广东的饮食习惯改成"包子里有什么"或者"尖堆里有什么"。

（2）改顺序。根据季节时令，将部分教学内容的顺序进行修改，使教材更能联系生活实际。例如，粤教科技版五年级上册第1单元"植物身体的奥秘"第3课"叶里的'加工厂'"、第4课"花里的育婴房"可以改到春季学期的五年级下册，这样，对于教材里所提到的叶子、花就更加方便学生和老师找到研究对象，有利于学习与探究。

（二）合理选择探究材料

有结构的材料是小学科学教学中学生进行科学学习的基础和关键，学生通过对材料的操作和思考，提升科学概念反映自然现象间的某种关系，有能力发现问题、解决问题，形成完整的形象，获取对事物的正确认识。材料的选择来源于学生的生活，一则可以提高学生探究的注意力，二则可以激发学生探究的兴趣。因此，在选择有结构的材料时应该注意以下内容。

（1）来源于学生身边的物品。

（2）来源于学生周围的环境。

（3）来源于学生熟悉的生活。

（4）来源于学生经验范围内。

例如，指导学生建立"溶解"的概念时，除了准备高锰酸钾等化学材料外，还要准备食盐、糖、沙、洗衣粉、面粉等来自学生生活的材料；又如，教学"物体的沉与浮"一课时，除了可以提供木块、石块、泡沫、铁钉、瓶盖、牙签等材料外，还可以选择学生身边的铅笔、圆珠笔、橡皮、铅笔盒等。

二、教学目标多元化，让科学关注生命

新课程背景下，我们把科学课堂教学目标分为知识目标、能力目标和情

感态度与价值观。在科学课堂教学过程中，我们不仅要关注学生掌握了什么科学知识，培养了什么能力，更重要的是培养学生爱科学、学科学、用科学的志趣，使他们善于探究，乐于探究。

从教十八载的我曾收到过几份意义非凡的礼物：一是用一个礼品袋装着的三种豆：黄豆、绿豆、蚕豆。它是学生在学习"植物长大了"之后，完成老师布置的作业，用了三个月的时间种植黄豆、绿豆、蚕豆，从植物发芽、长叶、长株、结豆，仔细观察，认真记录，最后豆子成熟后，学生采摘了三种豆，作为教师节礼物送给我。二是一杯包子。那是学生学习"发面的学问"之后，回家和爸爸妈妈一起做的包子，第二天一大早蒸好之后用保温杯装着，放到我的桌子之上。学生用了三个月的时间种植各种豆，他们的收获除了了解到植物成长的变化、学会种植植物，更多的是乐于探究的情感与志趣；学生不嫌麻烦，动员爸爸妈妈一起做好包子，蒸熟后用保温杯装到学校，其实保温杯里装的不仅仅是几个包子……

三、评价模式多元化，让科学走向社会

"评价不仅要关注学生的学业成绩，而且要发现和发展学生多方面的潜能，了解学生发展中的需求，帮助学生认识自我，建立自信。发挥评价的教育功能，促进学生在原有水平上的发展。"

（一）评价主体多元化

发展性评价提倡改变单独由教师评价学生的状态，鼓励学生自己、同学、家长等参与到评价中，将评价变为多主体共同参与的活动。多主体评价对于学生的发展是有利的。首先，鼓励学生进行自我评价能够提高学生的学习积极性和主动性。更重要的是自我评价能够促进学生对自己的学习进行反思，有助于培养学生的独立性、自主性和自我发展、自我成长能力。其次，学生对他人评价的过程也是学习和交流的过程，通过对他人评价，学生能够更清楚地认识到自己的优势和不足。最后，多主体评价能够从不同的角度为学生提供有关自己学习、发展状况的信息，有助于学生更全面地认识自我。

（二）评价方法多样化

知识与技能、情感态度与价值观及过程与方法的关注和整合强调评价的过程性，并且关注个体差异。这就要求教师改变将纸笔测验作为唯一或主要的评价手段的现象，运用多种评价方法对学生进行评价。除了纸笔测验以外，评价方式还有自我评价、他人评价、小小科学家日记、小课题研究和表现性评价等。知识性评价能检测学生对知识掌握的程度，而表现性评价创设了真实的情境，通过学生活动或完成任务的过程不但能够评价学生知道了什么，以及学生能够做什么，还可以在学生的实际活动中评价学生的创新精神和实践能力，与他人的合作、交流和分享，评价学生的学习兴趣和学习习惯等，使评价更客观、更全面、更科学。

四、师生关系民主化，让课堂更和谐

课堂教学过程中的师生关系其实质就是在课堂教学环境中的师生交互作用的关系，这里要解决四个方面的问题：在认知方面，教者和学者是教学相长的关系；在情感方面，个体和群体是互动互促的关系；在组织方面，教师是导航员和协调员，学生是探索者和创造者；在人格方面，则是师生平等、生生平等的关系。

（一）教学关系民主化

教学关系民主化的关键是教师正确扮演角色：既要当好完成教学目标的引导者，又要当好教学活动的参与者，更要当好解决问题的建议者。教师应通过自己的言语、神态及行为营造出促使学生广泛、平等参与活动的氛围。例如，粤教科技版四年级下册"健康饮食"教学。

师：再过几天是我女儿的生日，我想和女儿一起包饺子来庆祝她的生日，但是我们都不会包饺子，谁会包饺子，能不能教教我？

师：包饺子要先做好什么准备？

生：要先和面。

生：要先买好做馅的肉和菜。

生：要把这些肉和菜洗干净并剁碎，搅拌均匀。

生：面和好后要醒一醒，然后做成饺子皮。

师：包饺子要注意什么问题？

生：馅不要放太多，要不然容易露馅儿。

生：在饺子皮边要沾一点水，要不然饺子皮粘不牢，也容易露馅儿。

……

（二）引导学生了解饺子含有的营养成分

师：可以用什么来做馅？

生：可以用白菜。

生：可以用芹菜。

生：可以用酸菜。

生：可以用猪肉加白菜。

生：可以用韭菜加鸡蛋。

生：可以用羊肉。

生：可以用猪肉加芹菜。

师：用什么来做馅更科学？

生：要荤素搭配。

生：可以用猪肉加芹菜。

生：可以用猪肉加白菜。

……

在教学过程中，教师都在扮演一名求知者，引导学生自由发言，把自己在生活中包饺子的经验与大家分享，充分发挥学生的主观能动性，使学生在情与知的互动中发展情与知，使课堂教学成为一种充满情知氛围和生命活力的课堂生活。

小学科学课堂教学实效性的思考

在新一轮课程改革所倡导的新的理念指导下，课堂呈现出前所未有的活力和生机。教师运用多媒体、教具、挂图、卡片等多种手段，游戏、故事、实验操作、媒体渲染等多种形式创设教学情境，极大地丰富了科学课堂。但我们也发现，教师为学生创设生动有趣的教学情境，为学生提供诸多的操作材料，学生却是为"操作"而"操作"，为"讨论"而"讨论"，为"合作"而"合作"。往往是老师一宣布讨论，教室里"嗡"声一片，热闹非凡，仔细一看，有的小组个别学生"一言堂"，其他学生一言不发；有的小组，你说你的，我说我的，谁也不听谁的。实验操作的时候，争实验器材，抢动手操作的机会，并互相指责。汇报时，常常听到的是"我觉得……"，这些都是小学科学课堂教学低效性的表现。造成科学课堂教学低效的原因是多方面的，下面我从四个方面谈谈个人的思考和观点。

一、课堂教学要以学生为中心，面向全体学生

科学课堂教学要以学生为中心，在学习过程中要充分体现学生的主动性，发挥他们的能动作用。教师应以学生已知和须知为基础，鼓励学生从自己的日常生活、兴趣和需要中选择学习主题，并帮助学生确定他们建构知识最有效的途径，引导学生进行分析和创新，以便科学处理各种信息和实验数据，让学生通过科学探究自己解决问题。我认为，要体现教学以学生为中心，要做好以下两个方面。

（一）转换角色

教师角色的转变不仅仅是身份的变化，更是行动的变化。教师要参与到学生的活动中去，与学生一起体验、感受，为学生服务。教师要"稚化"自己，把自己当作学生，从学生的主体性角度出发，用一颗童心去探知学生的想法和感情，依据学生的知识、经验、兴趣、爱好和个性来设计课堂教学。比如，少年儿童普遍有好动、好奇、好胜的心理，他们在学习中一般都求新、求奇、求趣。那么，教师在教学设计时就应充分考虑这些因素，设计出符合学生需要的东西，并创设各种条件与机会，实现学生在课堂上的主动学习。教师要扮演好良好学习环境的营造者，探究材料的提供者，探究活动的参与者、引导者和教学活动的组织者的角色。例如，在研究"植物生长靠什么"时，学生猜想了影响植物生长的因素有阳光、温度、水、土、养分等。其中一个小组的学生却为音乐能否影响植物的生长而争论不休。我挺感兴趣的，就在一边旁听，偶尔插入一两句话："有没有办法设计一个实验来证明呢？""需要保证哪些相同条件呢？""如何让一盆植物听到音乐，另一盆听不到音乐呢？""如何放音乐给植物听？"由于我的加入，学生特别兴奋，也特别积极，全体成员共同努力解决了一个又一个问题，并成功通过对比实验证明了音乐通够使植物长得更快更好。

（二）还时间给学生

相当多的课堂教学过程中教师活动时间很多，学生活动时间很少。以下是株洲市教科院袁辉老师对株洲市小学科学课的一个统计，见表1。

表1

老师活动时间（分钟）	学生活动时间（分钟）	选项
35	5	相当多的课
30	10	
25	15	不太多的课
20	20	
15	25	极少数的课

出现这种结果的主要原因有：教师角色还没转换，喜欢多讲；教师重复讲

话的时间多；提无效问题的时间（是不是、好不好、对不对、行不行等问题）多；替学生回答问题的时间多。因此，我们要把课堂时间还给学生，不要让教师的讲解代替学生的实验，给学生以充足的时间探究、研讨。

二、课堂教学要以探究为核心，优化教学环节

苏霍姆林斯基说过："在人的内心深处，都有一种根深蒂固的需要，这就是希望自己是一个发现者、研究者、探索者。而在儿童的精神世界中，这种需要特别强烈。"强调学生探究的过程与方法的核心是把以"教—学"为中心的传授活动转变为以"探究"为核心的科学活动。

大家都知道科学探究活动的一般程序是：对周围世界的观察，提出探究问题，形成假设预测，设计研究方案，收集数据资料，整理分析资料，得出探究结论，发表和交流探究过程，后续延伸活动。因此，课堂教学要以探究为核心，做好以下几点。

（一）要激发学生的探究欲望

教师可以根据教材内容的特点和学生的心理特点，采取恰当的方法，为学生创设问题情境，利用情境教学激发学生的探究兴趣。教师还可以在教学中通过巧问设疑、引导动手等方法，创设求知气氛，诱导学生积极思考，充分发挥其主体作用，激发学生的探究欲望。例如，孙江波老师在全国小学科学特级教师论坛执教"空气占据空间"时，首先让一男一女两个小朋友上台进行吹气球比赛（气球套在一个矿泉水瓶里）。让人意想不到的是女生轻而易举地把气球吹大了，男生怎么用力也没办法把气球吹大。一下就把大家的好奇心给调动起来，大家不由自主地思考究竟是怎么回事。

（二）提供有结构的实验材料

学生有权获得、使用多种器材也是科学探究活动的重要特征。教师为学生提供有结构的实验材料是学生进行探究学习的关键和基础。丰富的、有结构的材料能激发学生的灵感，活跃学生的积极性思维，从而使学生创造性地进行科学探究活动，否则，科学探究就成了无源之水，无本之木。在材料的准备上，教师应根据探究活动的需要，选择易于揭示科学概念、容易引起学生探究兴趣

的、与学生探究能力相适应的材料。孙江波老师在执教"空气占据空间"一课时准备的实验材料就应该说是有结构的材料的范本。在学生初步了解空气占据了瓶子空间的基础上，他给每个小组准备了一个底下开口的矿泉水瓶，让学生用瓶罩住水面上的乒乓球，往水底下压，观察有什么现象。于是，出现了两种不同的结果：有学生说乒乓球在水底下，有学生说乒乓球在水面上。究竟是怎么回事呢？原来，孙老师给大家准备的矿泉水瓶一部分上面瓶口有盖，一部分上面瓶口没盖，正是这看似相同的矿泉水瓶，却因有盖没盖产生了神奇的效果。

（三）重视小组合作探究的形式

科学发展的历程证明，许多科学研究成果都是众多科学家的合作或几代人的共同努力才取得的，而新课程标准中也明确指出小组合作是小学生学习的主要方式之一。合作过程可以帮助学生学习按照一定的规则开展讨论的艺术，倾听别人的见解，善待批评以审视自己的观点，获得正确的认识，学会相互接纳、赞赏、分享、互助，享受合作带来的乐趣和喜悦，体验合作的意义和价值。由此可见，合作学习在探究学习中发挥着独特的魅力。

大家都知道，每个学生并不是带着一个空白的头脑走进教室的，他们的生活经历不同，对同一个问题的理解也不同，这些"经验"和"差距"本身就是一笔宝贵的学习资源。教师必须乐于为学生提供合作探究所需要的时间和空间，为学生提供主动参与小组学习的机会，并给予积极的配合与指导，逐步培养学生的合作意识，科学探究的效果才能得到增强。例如，在研究五年级第8课"植物长大了"一课时，我先安排学生以小组为单位，到校园里实地观察各种植物生长的过程，比一比哪个小组观察得仔细、用的方法多、发现的问题多并做好记录。然后在班内进行比较、交流，找出记录植物生长过程中变化的方法。学生在这样的活动中不得不发挥集体的智慧，团结协作，才能胜过其他小组。同时学生分享了他人的研究成果，倾听了他人的发现，交流了自己的观点，收获了大家的果实。长期坚持，何愁学生的探究能力得不到提高，与人合作的意识得不到加强呢？

（四）要发挥指导者的作用

在探究学习中强调学生的自主性，但教师适时的、有效的指导是非常必要的。在引导学生探究学习时，教师应把握好六个要素：①选好探究内容；②创设探究情境；③提出探究问题；④营造探究氛围；⑤亲历探究过程；⑥体现探究价值。

教师在指导时应注意启发，突出重点，注意层次，把握教、扶、放的时机，按照由模仿到半独立再到独立的过程逐步进行：先让学生经历一些简单的或模仿性较强的观察、制作、调查、实验等活动，随着学生能力的提高，再慢慢将学生的探究引向深入。此环节要抓住探究的核心环节，即猜想与实证的过程，优化教学环节，激发学生的兴趣。

三、重视课外探究活动，让其成为课堂教学的有效延伸

科学课程标准指出："教师不要把上下课铃声当作教学的起点和终点。""学生获取知识的地点不能仅仅是课堂。""大自然也是一个学习知识的大舞台。"教师要重视引导学生在课后开展课外探究活动。我们在教学中引导学生进行后续探究时总习惯把拓展活动当作标签，在每节课的最后说上一句"这节课就上到这儿，这个问题我们课外继续研究"，而如何研究却无后话。因此，教师作为学生学习活动的引导者，要注意拓展课堂教学，引导学生进行课外探究活动，使课堂教学向外延伸，加强课堂教学实效性。

教师对学生想要探究的问题要进行筛选，从中确定学生感兴趣、比较容易完成的、确有价值的问题，如五年级的"植物生长的规律""如何让植物长得更好""植物繁殖的秘密"，四年级的"如何做饺子""拐弯的光线""人造彩虹"，然后要及时督促检查，鼓励评价，适当时可以交谈、电话、家长签字的形式取得家长对学生科学课外探究活动的支持，让学生把自己的成果展示给同学看，让别人来欣赏，使自己在活动过程中得到同学的认同和肯定，获得成功感，进一步激励探究活动的热情，真正把科学探究活动引向生活，走向社会，提高小学科学教学的有效性，让学生感受科学学习的魅力。

四、实施有效的评价，让评价激励学生投入科学学习

科学课程标准指出：要关注学生的学习过程，关注学生的情感体验，在评价上要体现多元化，强调评价的促进功能。

对以探究学习为主的科学教学来说，评价不能只关心结果，只依赖考试，更要关心过程，要通过对学生学习过程记录的分析，发现他们学习过程中的各种问题，随时进行反馈与矫正。对于科学教学的评价，应该坚持以评集体为主，评个人为辅；以评全面为主，评特色为辅；以评过程为主，评结果为辅。

（一）评价主体多元化

评价包括教师的评价、学生的评价、家长的评价、自己的评价，还包括社会的评价。教师的评价不单是语言上的激励，教师的一个眼神、一个微笑、一个翘起的大拇指、一次不经意的摸头，对学生来说都是无价的表扬，都是一种激励。学生自评、互评的效果也是相当有效的，这样学生会感到自己进步了，今后要比现在更有进步才对。对学生的评价还要注意发动学生家长共同参与，这样会使学生的进步更加透明，学生会感到人人都在关注他、关心他，从而会更有信心，进步更快，更有兴趣学习，探究能力也就逐步得到提高。我曾记得学习"探究植物生长的规律"时，不经意间对一位学生说，你观察得真仔细，结果，她和同伴无论是刮风还是下雨，每天都会给她们种的菜浇水，对18棵菜的生长变化都进行了详细的记录，最终在以种菜为主题的现场作文比赛中拿到最高分94分。为此，校长特意帮她在种植箱上签了名。

（二）评价时机过程化

科学课程的教学评价主要是为了促进学生的学习和发展，因此评价就不能仅仅在学习过程结束后进行，而必须伴随教学过程。这就需要教师关注学生在课堂上的表现与反应，及时给予必要的、适当的鼓励性、指导性评价。评价时不仅要关注学生科学探究活动的结果，更要关注学生在此过程中每个环节的表现；不仅要对学生在课堂中的表现做出评价，也要对学生的课前准备做出评价；不仅对学生的小论文或研究报告进行评价，还要关注学生得到这些结果的方法及期间的经历。我刚接手四年级时，很难完成教学任务，因为课堂纪律很

难控制。于是，我就尝试采用课堂教学评价模式，评价对象是各实验小组和个人，评价内容包括小组合作、小组交流与汇报、专心听课、善于提问、积极回答问题、完成课堂作业、进行课外探究活动等，评价方法是加星。我根据学生的整体表现给予一定的奖励（一次实验示范、一份制作材料、一件标本、一张书签）。经过半个学期的实践，取得了很好的成效：小组合作学习初步形成，课堂纪律非常好，学生踊跃发言，善于倾听与交流，积极进行课外探究活动。

（三）评价方法多元化

科学课程的评价以真实的日常教学为基础，充分利用所有正常的课堂教学活动和课外探究活动，全面反映学生实际的学习和发展状况。除了测验和考试之外，评价方式还包括一节课的表现、一份实验报告、一个新颖的设计方案、一个大胆的假设、一次与教材不同的设想、一个与众不同的创造性活动、一件精美的手工作品、一次愉快的合作、一次有意义的调查……学生提出研究的计划和假设，收集、处理信息的能力如何，在活动中是否表现出兴趣、责任感、创造性与合作精神，等等，都是评价学生不可多得的契机。例如，黎妍婧家长评价："该豆芽是黎妍婧同学在她奶奶的指导下独立完成的，既能鼓励小朋友亲手种植，又能使其养成爱护植物的意识，这种活动很好，希望多组织。"莫明玮家长评价："明玮通过种豆的实验了解到植物向光生长的特性，还向我了解了植物是怎样向光亮一面生长的原理。我们都支持她探究科学，希望她通过实验学到更多的知识。"在家长们的鼓励下，学生学习科学的兴趣越来越浓厚。探究科学的能力与习惯就像一粒种子，已经在学生的心里种下，在家长和教师肯定评价的鼓励下，它们必将像小苗一样，在学生心中生根、发芽，慢慢长大。

综合育人　放飞理想

——浅谈如何在航空模型活动中进行素质教育

航空模型活动是以操纵、放飞自制或装配的模型航空器进行户外活动、训练比赛或创纪录飞行的一项科技性很强的活动。航空模型活动既是一项竞争激烈的体育活动，也是一项含有多学科知识的科技活动，是当前受青少年喜爱的活动之一。经常参加航空模型活动的学生不仅在活动中锻炼了身体，同时开阔了眼界，增长了科学知识，更重要的是通过模型飞机的设计、制作、调整、试飞、比赛等一系列活动，培养了学生积极主动、勇于探索的学习态度，认真细致、精益求精的工作精神，以及吃苦耐劳、奋发向上、开拓进取、不断创新的意志品质和热爱祖国航空事业的爱国主义精神，航空模型活动是对学生进行综合素质教育的有效手段。近年来，航空模型活动被我国教育部门列为提高我国青少年科学素质的重点活动项目之一。因此，我在进行航模训练的时候，边练航模，边学做人；既学航模，又提素质。那么，如何在训练中更好地体现这一思想呢？我主要从以下几个方面做起。

一、小处着手，培养学生的大科学观

学生对模型飞机的制作、飞行等一系列活动非常感兴趣，但是，如果只让学生停留在感兴趣的层面，那和玩一些高级的玩具没什么区别。所以，我在学生感兴趣的基础上，积极引导学生学会运用所学的航空理论知识，自行设计、改进、调试模型飞机，如折纸飞机、改进手掷模型飞机等，使他们善于学科学、用科学、爱科学，培养他们的大科学观。周志荣在刚刚进航模队的时候才上小学五年级，现在已经上高二了，6年来，他先后参加全国各类各级航模比赛10余次，共获全国季军一次、亚军一次、冠军两次，并代表中国参加了2006年世界航天模型锦标赛，与队友一起勇夺团体第三名。令人感到欣慰的是，他没有把自己的目标定在获奖这个层面，而是向更深的领域去钻研。他看到自己和其他队友在参加航模训练时，风力、地形、能见度、信号干扰等经常造成模型飞机失控而丢失模型飞机，于是潜心研究，经过反复实验，最后发明了可摄像、易追踪的遥控模型飞机。该项发明获广东省第二届少年儿童发明奖二等奖、第四届宋庆龄少年儿童发明奖二等奖、第五届中国国际发明展览会创造发明银奖，并申请了发明专利。在他的带动下，航模队的队员们形成了不仅肯吃苦训练，而且勇于创新的好风气，大家的眼界宽了，追求也更高了。

二、学会做人，树立学生正确的人生观

不管是什么知识，也不管学得多么出色，如果没有正确的价值观和人生观，对人生和社会都不会有任何意义可言。所以，我在航模课第一课讲的内容是：参加航模队不仅学航模，还要学会做人。在教学与训练过程中，我通过开展"四个一"活动（斟一杯茶、捶一次背、做一件家务活、问一声好），从点滴小事来教育学生学会做人，让学生学会孝敬父母、尊敬师长。家长反映，大多数航模队员参加训练后都有了很大的进步，他们学会了逛街回来后先打开汽车后备厢帮爸爸拿东西，学会了给工作了一整天的妈妈倒上一杯茶、捶捶背，学会了帮妈妈洗衣服、洗碗、拖地……通过开展"争当最受欢迎的人"活动，引导学生要团结同学、关爱队友、热爱集体等，学生只有先爱家人、爱集体，才能把自己的能力与智慧无私地奉献给国家和社会。

三、学会学习，授人以鱼，不如授人以渔

学校航模兴趣小组和航模队有一个硬性规定：必须每天按时按质完成学习任务，才可以来上航模课或参加航模训练。如果学习退步了，就暂停参加活动。这样，每个学生都知道，要参加航模活动首先要搞好学习。那么在时间有

限的情况下，如何运用科学的学习方法提高学习效率和学习成绩就成了学生自主思考的问题。为此，航模队还特地请来教导处主任，专门为学生进行了如何学会学习的讲座，学生的学习兴趣很浓，效果很好。现在，航模队员们放学回到家，第一件事不再是打开电视机或打开电脑，而是打开书包，完成作业；在网上不是玩游戏，而是进入班级博客，和同学、老师交流。航模训练是对学生自主学习的促进，让学生找到适合自己的学习方法。

四、严格训练，全面提高综合素质

我们通过严格的训练培养学生认真、细致的行为习惯，提高学生的分析能力、判断能力、应变能力、创新能力，培养学生吃苦耐劳、团结协助的精神。

（一）培养学生吃苦耐劳的精神

每天早晨，在别的同学还在睡梦中时，航模队员们便已踏着露珠开始训练了；傍晚，别的同学吃完晚饭、冲完凉在校道上散步时，他们才依着晚霞结束一天的训练。夏日，太阳如火，肆虐地舔着队员们的皮肤，让人似乎能听到"滋滋"的声响。不一会儿，喉咙就像冒烟似的，眼睛也开始冒金星；有时候好不容易躲开了太阳，狂风暴雨又来凑热闹，让大家瞬间就变成了"落汤鸡"，让模型飞机跑到荒山野岭和队员们玩"捉迷藏"……经过长期的刻苦训练，队员们去掉了一身娇气，换来了一身铁骨。

（二）培养学生良好的行为习惯

航模队采用半军事化管理，要求学生排队站如松、腰挺直、一条线，听课坐如钟、抬头挺胸，行走如风、整齐统一。为了让学生每一次起飞都成功，每一次训练前，学生都要先收拾好电池，整理好工具箱，组装好模型飞机。每一次起飞前，我们都要求学生先整齐地摆放好模型飞机，认真地检查模型收音机前翼的仰角、尾翼的舵量、动力的大小以及场地的气流、风向等。每一次飞行结束后，我们都要求学生对模型飞机进行检查、测试、维修。正是这些点点滴滴的小事，练就了队员们认真、细致的行为习惯，保证了他们每次竞赛都成功发挥出自己应有的水平。

（三）培养学生的科学素养

参加航空航天模型活动是学生爱科学、学科学、用科学的开始。在训练、参赛过程中，学生不但学到了更多的知识，如简单的机械力学、空气动力学、气象学、电学、电磁学等，还学会了如何调整飞行状态、维修模型飞机、改进模型飞机。航模队员王宇在家建了一个航模室，专门用来研究纸飞机。在老师的指导下，他经过反复实验研究，用一张A4纸折的纸飞机可以飞行18秒，虽然与纸飞机飞行时间的世界纪录（27.6秒）还有一定差距，但是现在还在读小学的他，必定会让他的纸飞机飞得更高、更远。

（四）培养学生的环保意识

每次训练结束后，我们都要求学生对整个训练场进行清理方可离开，废旧电池一定要放到废旧电池回收箱。航模队还开展了"一张纸、一滴水、一度电、一粒米、一片草地、一棵树"活动，引导学生学会用自己的双手来呵护地球，让天更蓝，水更清，草更绿。

任何学习都是为提高人的素质而服务的，以航模活动为素质教育突破口，以科学和做人为素质教育结合点，辛勤的汗水必将浇灌出绚丽的花朵，不懈的努力必定换来学生一生的成就。我们有理由相信，把素质教育融入航模活动，坚持沿着这条创新之路，将会取得更加辉煌的成绩！我们更有理由相信，航模活动作为素质教育的一块阵地、德育活动的一个窗口，将会成为学生放飞理想的天地、走向成功的桥梁……

让科学课堂更快乐、更高效

焦点：实验材料难找，实验操作难规范，课堂纪律难控制，科学作业难完成。现象：实验操作，你争我吵；交流分享，一片吵闹；布置作业，交得很少。

这几年，我接手过几个新班，上科学课时都出现了上述现象，觉得非常棘手。上课前，满怀激情，上完课十分懊恼，心情非常不好，以至于后来有点害怕去给他们上课。静下心来仔细思考：如何让科学课堂更快乐、更高效，做一名幸福快乐的科学教师？我尝试采取三个多元化、三个注重的策略，在科学教学中进行实践与研究，取得了显著的效果。

一、三个多元化

（一）教学目标多元化，让科学关注生命

美国国家年度教师奖获得者米歇尔指出，当今的教育理念已经发生了变化，过去强调3R，即读、写、算，现在变成了4C，包括批判性地思考、创造性地解决问题、合作、交往。新课程背景下，我们把科学课堂教学目标分为知识目标、能力目标和情感态度与价值观目标。在科学课堂教学过程中，我们不仅要关注学生掌握了什么科学知识、培养了什么能力，更重要的是培养学生爱科学、学科学、用科学的志趣，使他们善于探究、乐于探究。

我尝试不再把科学课当作纯粹的科学课，而是与语文课、思品课、综合实践活动课结合。在科学课上，我特别重视学生综合素养的培养，包括文明礼仪、行为习惯、语言表达、沟通交流、批判的思维、创新的意识等。经过一年

多的教育、引导，学生研究科学的志趣与能力有了明显的提高。2014年3月，东莞市"科普报告希望行"白武明专家报告会在我校举行，听报告的五年级学生的行为习惯、科学素养让白教授感到诧异并赞赏有加。

2007年，六年级学生发现并调查研究植物杀手——薇甘菊入侵东莞。

2008年，五年级学生杨天懿用对比实验来验证植物生长需不需要氧气。

2010年，六年级学生黄喜芸等撰写的科学小论文《自行车的刹车系统研究报告》和《自行车传动系统研究报告》发表在《辅导员》杂志2010年第5期上。

2011年，五年级学生吴湘婉观察绿豆的生长过程，撰写的观察日记《绿豆的生长过程》发表在《科学课》杂志2011年第2期上。

2013年，科学实验小组的学生对松山湖的水进行取样，并到专业实验室对水质进行检测。

（二）教学形式多元化，让科学不断创新

教学方式是指教师在要求学生获取知识、提高能力、获取学习方法的过程中所采用的方式，包括探究发现法、实验探索法、小组讨论法、角色扮演法等。

科学探究是学生学习科学的重要方式，但不是唯一的方式。教学中，教师要根据教学目标的内容采用不同的教学方式与策略，让学生将探究式的学习与其他方式的学习充分结合起来，以获得最佳的学习效果。

1. 主题式的小组合作学习

在科学课堂上，以小组为单位，先自选研究主题，然后设计实验方案，小组共同合作，进行探究，包括实验操作、记录数据、整理数据、总结归纳、得出结论。

2. 翻转课堂式教学

传统的教学模式是老师在课堂上讲课，布置家庭作业，让学生回家练习；翻转课堂式教学模式是学生在家完成知识的学习，课堂变成了老师与学生之间和学生与学生之间互动的场所，包括答疑解惑、知识的运用等。互联网的普及使翻转课堂式教学模式变得可行和现实，学生可以通过互联网去使用优质的教育资源，不再单纯地依赖授课老师教授知识。课堂和教师的角色发生了变化，教师更多的责任是理解学生的问题和引导学生运用知识。例如，六年级的"自然资源"与"浩瀚宇宙"单元，我采取了翻转课堂教学模式，以小组为单位，学生自选课题内容、授课时间，然后进行分工，回家查找资料，制作课件，再回到课堂则由学生讲，教师和其他同学一起听；学生从教学内容、教学形式、表达能力、仪表教态等方面提建议和评价，教师进行汇总和评价，学生兴趣非常浓厚，积极性非常高，取得了意想不到的效果。

3. 利用科学新技术辅助教学

科技的发展日新月异，利用科学新技术辅助教学，可以让科学课更生动、直观、有趣。例如，利用谷歌地图，可以让学生身临其境、全方位地游览法国埃菲尔铁塔，并在附近的街道游玩；可以让学生到美国白宫的议事厅、宴会厅参观。

（三）评价模式多元化，让科学走向社会

"评价不仅要关注学生的学业成绩，而且要发现和发展学生多方面的潜能，了解学生发展中的需求，帮助学生认识自我，建立自信。发挥评价的教育功能，促进学生在原有水平上的发展。"评价模式多元化就做到评价形成性与过程性相结合，学校与家庭相结合，教师与学生相结合，个人与小组相结合，表现与实操相结合。

1. 评价主体多元化

让学生自己、同学、家长等参与到评价中，将评价变为多主体共同参与的活动。

2. 评价方法多样化

强调评价的过程性并且关注个体差异。改变将纸笔测验作为唯一或主要的评价手段，运用多种方法对学生进行评价，包括一节课的表现、一份实验报告、一个新颖的设计方案、一次愉快的合作、一次有意义的调查……

二、三个注重

（一）注重与生活结合

科学知识都能在现实生活中找到原型，将学生熟悉的生活情境和感兴趣的

事物作为教学活动的切入点，通过适当改动教学内容，合理选择探究材料，布置具有生活趣味的作业，分享科学奇闻趣事，努力在学生生活与科学教学之间建立一种相似或相对的联系，使学生深切感受到科学来源于生活，从而使学生产生学习科学的兴趣。

（二）注重分享与交流

首先，要给学生营造一种平等、合作的教学气氛，设置合作交流小组，创设动态的多向交流模式，形成宽松的交流氛围，要留足时间让学生交流。其次，要建立民主和谐的师生关系，允许学生发表不同的见解，多问几个"是什么""你是怎样想的""为什么？请说说理由"，促进课堂教学师生之间交流的开展与深入。

（三）注重角色的转换

教师应扮演好良好学习环境的营造者、探究材料的提供者、探究活动的参与者、探究活动的引导者和教学活动的组织者的角色。教师在教学设计时就应充分考虑学生好动、好奇、好胜的心理，设计出满足学生需要的教学设计，并创设各种条件与机会，实现学生在课堂上的主动学习。

"教育不是灌满一桶水，而是点燃一把火。"当我们点燃学生的那把火，点燃学生对自己的期望时，他们就会投入科学的探究之中，从而使科学课变得更加快乐、更加高效。

如何让科学探究更深入

一、做好前测，了解学生的前概念

学生的前概念又称生活概念，因其早先出现在学生对相关学科知识（科学概念）建立之前而得名。基于前概念具有自发性、广泛性和原创性等特征，它自然成为课堂教学中师生建立互动平台的基础和前提，它也自然而然地应该受到教者和受教者的关注。同时，基于前概念不规则性、隐蔽性和顽固性等特征，在学科教学中，教师更应该注重对学生相关前概念的挖掘、发现和纠正，并适时、合情合理地引导学生将自己的前概念转化、提升为相关学科知识中的科学概念。前概念对科学教师来说已不是什么新鲜的话题，但学生的前概念对我们的科学教学的确有着非常重要的意义。在实际的科学教学中，教师如果能够把握住学生的前概念，就会使教学有的放矢，能更好地提高教学效果。

（一）小学生科学前概念探查的形式

问卷调查是一种常用的专项调查手段，是根据调查目的制定调查问卷，由被调查者按调查问卷所提的问题和给定的选择答案进行回答的调查形式。问卷调查充其量只能了解到学生是怎样想的，但是不能了解学生为什么这样想。有时候两个学生答案虽然是一样的，但是对相同答案的解释却完全不同。科学教师在探查小学生的科学前概念时一般仅限于本学校乃至本年级的学生，探查的区域较小，所以不宜采用问卷调查的方式，而应采取访谈的方式。访谈是在教师和学生的自然对话中进行的，教师不仅能够了解学生内心的真实想法，还能够根据学生的回答适时追问，了解更多的信息，也更能了解学生对科学概念的具体解释是怎样的。

（二）前概念探查的问题

1. 明确探查目的，实现角色转换

课堂教学需要学生形成正确的科学概念，而探查学生前概念的目的是了解学生对科学概念的理解，而不是得到教师想要的正确答案。在探查小学生关于"电的来源"前概念时，一位科学教师是这样和学生交流的："我们一按开关灯就亮了，你知道我们用的电是从哪儿来的吗？""开关。""开关的电是从哪儿来的？""电线。""电线里的电是从哪儿来的？""高压线。""高压线里的电是从哪儿来的？""不知道。"其实，学生的第一个答案就是他具有的前概念，问到此也就可以了。如果需要了解更多的信息，探查者可以继续提出问题："你为什么这样认为呢？你是怎样想的？"作为科学教师，可能觉得学生的答案不理想，没有说出自己想要的东西，所以直至启发学生说出发电厂的答案或者说不出答案时才肯罢休。如果这样访谈，我们还只是站在科学教师的角度，并没有把自己当成一个真正的访谈者，这样的追问自然就脱离了探查的本质，而更像是在进行科学教学。

2. 精心设计问题，使结果更准确

访谈需要探查者事先设计好相关的问题或情境，然后通过和学生的对话交流获得他们的前概念。如果问题设计得不好，就无法获得学生真实的前概念，达不到访谈的目的。希腊著名的认知心理学教授沃斯尼亚多对学生提出了这样的问题："如果你沿着一条直线走很多天，你将走到什么地方？""你是否到过地球的边缘？"学生的回答更是丰富多样，出现了许多成人认为不可理解的答案。她认为，儿童会觉得这样的问题很好玩，甚至并不认为这是问题，他们就会很自然地说出自己的想法，也就能够揭示儿童潜在的概念结构，得到儿童对地球形状的解释。

3. 学会追问

追问指的是访谈者就受访者对前面所说的某观点、概念等进一步探询，将其挑选出来继续向对方发问。追问的一个最基本原则是使用受访者自己的语言和概念来询问受访者自己曾谈到的看法与行为。追问的关键不在于"问"，而在于"追"，紧跟对方的谈话而问。在这个过程中，访谈者要尽可能倾听、理解受访者的语言，寻找其前概念。追问与寻找前概念的策略要求受访者不是紧紧抱住自己的概念、问题不放，而不顾对方在说些什么、想些什么。

4. 耐心倾听，避免对学生暗示

当学生欲言又止时，访谈者可能会表现出不耐烦的样子，急着用自己的理解替学生解释。学生就会察言观色，根据教师的解释猜测其想要的答案，直接顺应教师的想法回答，在这种情况下，学生给出的答案就可能不是学生的真实想法。再者，遇到学生的答案不符合成人的思维逻辑的时候，我们可能会表现出惊讶或苦笑的表情，这样学生就会意识到自己的回答不符合教师的标准，就会猜测答案、"创造"答案。所以在对学生进行访谈时，教师不要用自己的想法替学生解释或者用自己的表情给学生暗示，以便取得最真实的资料。

除了以上需要注意的问题外，科学教师在对学生进行探查时还要注意一些细节，如访谈时要使用儿童常用的语言，探查者要表现出对学生答案的兴趣等。相信随着科学教师对学生科学前概念的重视，随着探查方式、方法的进一步完善，我们的科学课堂教学会在了解学生前概念的基础上更加得心应手。

二、不拘形式，给予充裕的时间

在很多课堂中，很多教师在提问后就马上叫学生回答，不给学生时间去思考。学生回答不出问题时，教师要么不断重复问题，要么忙着启发。试想，在这极短的时间内，学生的思考能有一定深度吗？于是，学生为了迎合老师的心理，匆忙寻找只言片语作答，表面上气氛活跃，实际上是走进了烦琐而肤浅的一问一答的圈子中。心理学研究告诉我们，小学生的思维还处在发展阶段，要学生快速思考，寻求答案是很困难的，往往会使学生放弃探究。为了改变这种状况，教师应在提问后给学生一些独立思考的时间，让他们仔细研究，深入思考。

例如，在教学"种子的传播"一课时，在学生探究带钩刺的种子如何传播时，我们采用了"选物投标"的游戏。我们把苍耳、蚕豆、蒲公英、凤仙花等种子混在一起，用毛巾做靶子，请学生在给定的种子中选择一种进行"投标"比赛。首先，我们请学生讨论：用什么种子作为"标"？这里学生根据生活经验很快就能知道选择苍耳作为"标"进行比赛。在通过紧张而又愉快的比赛后，我们问学生："为什么你们选择了苍耳作为'标'，而不选其他的？"学生由于刚才没有仔细观察，仅凭生活经验而选择苍耳作为"标"进行比赛，因此我们不急于让学生回答，而是再次提问："为什么你会在给定的种子中选择苍耳？"为便于观察，我们给了学生放大镜，给了学生充足的时间去探究。在通过充分的观察和讨论后，学生发现了苍耳种子的外形特征与其他种子不同，苍耳的种子外面有刺，而且在放大镜下能清楚地看到苍耳刺的末端还带有钩，所以在投中毛巾靶后不会轻易掉下来。当学生通过探究发现这一结果后，异常兴奋，欢呼雀跃。由此可见，只要我们给予学生充分的材料、充足的时间，放手让学生去探究（当然探究的内容是要在学生的能力范围之内的），学生一定会成功的。相反，如果教师一提问就急于要学生回答，这一探究就不存在了，学生也就失去了一次很好的探究机会。

留给学生充裕的学习时间，需要多长时间就给多长时间，教师应尽可能少讲、少问，凡是学生能自己学懂的，教师就一定不讲。有了充裕的学习时间，学生的学习和发展才能有基本保障，合作、交流、探究性的学习才能成为可能。

有了探究的可能，教师还必须给学生提供宽裕的空间，进一步引导他们深入探究。因此，教师可在教学中设计小组合作学习的环节。这样，学生就可以在小组内互相交流，展示学习思路，进行群体的判断与综合，找出解决问题的方法与途径，由此进入新的层次或发现新的问题，从而推动探究活动的深入。

三、精心预设，提供有结构的材料

科学课必须建立在满足学生发展需要和已有经验的基础上，提供给他们能直接参与的各种科学探究活动。然而准备教学材料是科学教师实施探究活动最头疼的一件事，也是最费时间甚至金钱的一件事。虽然实验室有一些教学具，但在新教材面前，实验室的那些材料就显得"英雄无用武之地了"。因此，教师精心设计、选择、提供有结构的材料是探究式教学得以开展的根本，是学生参与实践，自行探究的前提，也是促进学生形成科学素养的关键。

结构性材料是教师经过精心设计与典型教学材料的组合，有丰富内在联系的材料，蕴含着某些关系和规律的典型教学材料的组合。这种材料组合既能揭示与教学内容有关的一系列现象，体现教材的科学性，又符合学生年龄特征和认知规律，还贴近学生的日常生活，具有趣味性，使学生喜欢。例如，"水的浮力"一课，教师为学生准备了木板、小刀、泡沫塑料、钉子、铁质钩码、小皮球、回形针、橡皮泥、锡箔等材料，有些能浮，有些能沉，有些既能浮又能沉，还有一系列重量相同、体积不同的材料和体积相同、重量不同的材料用来探究物体沉浮的规律。这些材料集合在一起为学生创设了一个乐于探究的环境。有时教师由于准备不充分，临时找一些代替品，就无法达到学习的最佳效果。比如摩擦起电，随便找块布代替丝绸，难以看到静电吸附现象；用碳素墨水代替水彩墨水，就无法达到色彩的分离效果。有结构的材料是小学科学教学中学生进行科学学习的基础和关键，正是这些有结构的材料把有结构的知识、有结构的活动有机地联系起来。

四、转换角色，参与探究与研讨

传统的教学活动中，教师是知识的占有者，学生是知识的被动接受者，以至于教师的话成为真理，即使是错误的，使学生的创新能力、实践能力被扼杀，不利于学生的全面发展。在这场变革中，教师应适时转换自己的角色，由传统的知识传授者转变为新课程下的知识传授者；教师应成为学生的引导者、促进者，学生是教师的服务对象，学生是课堂的主人；教师应由单纯的知识传授者转变为研究者；教师应成为这一伟大变革的实施者，还给学生一片科学的天空，让学生成为探究活动的主体；教师只能是一个引导者、组织者、与学生一起探索的合作者，不能越俎代庖。探究教学应紧紧围绕假设的提出和检验来展开。由于学生的知识经验各异，认知水平有别，他们对同一现象或问题会形成不同的看法，提出不同的假设。对此，教师不仅不应当加以限制，反而应当大力提倡和倍加尊重。只有这样，探究教学才有可能处在学生的最近发展区并走在发展的前面，学生才有可能开展丰富多彩而又切合实际的探究学习，经历曲折的探究过程，并由此获得各方面的最佳发展。如果教师因种种原因不给学生提供充分发表自己看法的机会，为走捷径，帮学生安排好探究的路线，把学生直接引向所要获得的学习结果，那么学生所经历的就不是真正的探究，其想象力和创新能力的培养就无从谈起，从而也就失去了开展探究教学的意义。

教师一直被认为是知识的传授者，传道、授业、解惑被认为是教师的天职。但现代教育心理学的研究表明，学生的学习是一个积极主动的知识建构过程，教师应该充分尊重学生的主体地位。在教学过程中，教师所应该充当的是参与者、促进者和指导者的角色。美国教育家布鲁纳提出：教学生学习任何科目，绝不是对学生心灵灌输固定的知识，而是启发学生主动去求取知识与组织知识。教师不能把学生教成一个活的书橱，而是教他如何去思维，教他学习如何像历史学家研究分析史料那样，从求知过程中去组织属于他自己的知识。因此，求知是自主性的活动历程。

新课程认为，教学过程是师生互相交往、共同发展的互动过程。在新课程中，传统意义上的教师的教与学生的学将不断让位于师生互教互学，彼此将形成一个真正的"学习共同体"。教师不仅要参与到学生的学习活动中，而且要成为学生学习的促进者。当学生在自主观察、实验或讨论时，教师要积极地看，积极地听，真实地感受学生的所作所为、所思所想，随时掌握课堂中的各种情况，考虑下一步如何指导学生学习。教师还应给予学生心理上的支持，创造良好的学习氛围，采用各种适当的方式，给学生以心理上的安全和精神上的鼓舞，使学生的思维更加活跃，热情更加高涨。此外，教师还要注意培养学生的自律能力，注意教育学生遵守纪律，与他人友好相处，培养学生的合作精神。教师除了参与、促进学生的学习之外，更重要的是对学生的学习给予指导。作为学生学习指导者的教师应帮助学生制定适当的学习目标，并确认和协调达到目标的最佳途径；指导学生形成良好的学习习惯，掌握学习策略；创设丰富的教学环境，激发学生的学习动机，培养学生的学习兴趣；为学生提供各种便利，为学生的学习服务；建立一种具有接纳性、支持性、宽容性的课堂气氛。

新课程还强调教师应指导学生开展研究性学习。当教师以知识传授为重点时，他们的基本做法是，分解知识、技能，将其有组织地呈现出来，学生通过倾听、练习和背诵，再现由教师传授的知识，回答教材中的问题。而在探究性课程中，教师的职责是引导学生不断提出问题，使学习过程变成学生不断提出问题、解决问题的探索过程；教师指导学生收集和利用学习资源；帮助学生设计恰当的学习活动，并能针对不同的学习内容，选择不同的学习方式，使学生的学习变得丰富而有个性；营造支持学生学习的积极的心理氛围；帮助学生对学习过程进行评价。

五、灵活处理，利用生成性问题

科学课程具有开放性，尤其是以科学探究为主的课堂教学活动。课堂中，教师往往无法预料将会出现什么结果，学生会提什么样的问题。这些问题有的是学生的困惑，有的是探究活动的新起点。教师的精确判断、巧加利用是提高课堂教学价值的又一有效途径。例如，在教学"食品包装上的信息"这一课时，我事先布置4人小组带几样食品包装盒、包装袋。上课时我发现，每个小组林林总总带了许多，有的小组有十五六样。按照我原来的教学设计是让他们观察食品包装上的信息，然后比较几种食品保质期的长短，探究保质期中蕴含的一些科学知识，引导他们的思维向纵深方向发展……他们静静地坐着，期待地看着我。这时，一个学生站起来问我："老师，你看，我带这么多包装袋该怎么研究啊？"我想，让学生自己学会处理信息的方法不是更好吗？这样，不但可以从内容上进行探究，还可以从形式上进行探究。我意识到这是一个很好的训练起点。我打乱了原来的教学设计，顺着学生的话题，让学生展开讨论：面对众多的包装信息，我们该如何处理才比较科学？讨论后大部分小组认为，首先要给信息分类，这样比较好研究。我就按他们的建议，打乱了课堂的座次，把他们分成干果组、膨化组、饮料组、罐头组、米面组、包装材料组和其他组。由于抓住了课堂教学的有利契机，组织得当，每个小组有了自己单一的研究主题，学生能集中精力去思考，展开探索，取得了较好的教学效果。

学会合作与交流

小学科学课程是以培养学生科学素养为宗旨的科学启蒙课程，它是以探究为核心的。这就要求学生在科学探究的过程中用自己擅长的方式来表达探究结果，与同学进行交流并参与评议，尊重他人的意见，敢于提出不同的见解，乐于合作与交流。

一、引导学生乐于合作，培养合作意识

（一）创设合作的学习文化氛围

目前我国小学文化氛围中，竞争文化处于主流地位。在小学阶段，虽然面对着小升初的压力，但是作为教育者，我们还是应该对学生进行合作学习能力的培养。小学科学是一门以实践为主的学科，它主要培养学生观察、思维、实验、创新的能力。通常情况下，小学生很难独立完成学习内容，这就需要集体的智慧，学生互相合作交流，集思广益，才能完成学习任务。

（二）建立积极参与合作意识

由于应试教育的压力，教师应想方设法地调动学生学习的积极性。这需要教师创建一个和谐的课堂环境，对待学生一视同仁，态度亲切和蔼，与学生为友，理解学生的需求。在这样的环境下，学生思维活跃度高，如果教师提出合作学习，学生会积极响应。由于小学科学课程场地广阔，在课程中，学生因场地的变化，能力的展现会有所不同。教师要细心观察，根据课堂情况，不断地对合作分组进行有效调整，教师还要对调整进行说明，引导鼓励学生，调动其主动参与合作的积极性。

（三）相互交流共同进步

人教版科学教材中，设置了很多探究课程，这就需要学生进行讨论。例如，小学四年级下册"探索声光电""奇妙的光"单元"光的来源和传播"一课中，教学重点是对光的来源途径和传播途径的学习。教材设计上，第一框就提出了"通过交流，你知道了哪些能够发光的物体？"这一问题，很明显这是个集体讨论活动，讨论的过程如果由教师提问学生回答，效果并不明显，全体讨论又显得课堂秩序混乱，那么选择分组讨论刚刚好。这需要学生之间交流来完成。学生从不同角度思考问题，问题的答案也会各有不同。在交流过程中，学生们会从同组的其他人身上发现语言表达的不同，会不自觉地进行思考并完善自己的表达。教师应实时地对学生的表达方法进行引导，教会学生完整表达、态度诚恳、音量适中、语气婉转等语言表达技巧。学生在这个过程中会逐渐掌握社会技能，包括组成小组的技能、小组活动的技能、思想交流的技能。

（四）团体互助协作精神

从合作学习的内涵看，并不是随机分为小组的学生在一起就可以产生合作学习的良好效果。当小组成员有明确且通过努力能达成的学习目标时，小组成员就会有团体归属感和荣誉感。小组成员个性互补，彼此坦诚信任，对待学习的投入性就会提高，这时候合作学习的效果才会提高。

（五）矛盾冲突调解与化解

合作学习小组虽然是整体，但是小组成员间有差异，面对同一问题，每个人的处理方式都有所不同，成员间必然会产生矛盾。例如，小组讨论的过程中，经常会有一个学生不认同另一个学生观点的情况出现，这时候教师要进行调节引导，教会学生从事实出发，以科学为依据来证明自己的观点，要学会坚持真理。当学生的观点是正确的时候，同组其他人也应该学会赞美。

二、引导学生善于交流，培养学生的沟通能力

基于小学科学课堂交流的现状和重视课堂交流的理论基础，笔者认为可以从以下几个方面来组织课堂交流活动，以此提升教学实效性。

（一）营造良好的交流氛围

要营造良好的交流氛围，教师首先要给学生营造一种平等、合作的教学氛围，设置合作交流小组，创设动态的多向交流模式，形成轻松的交流氛围，最大限度地扩展学生的交流层面，提高学生的交流频率。同时，教师要信任学生，鼓励学生参与交流。教师在小组交流活动中要积极参与引导学生，维持小组良好的交流氛围，关注学生的交流状态，并适当调节学生的交流心理，特别是要鼓励学困生以积极的心态来参与交流活动，在轻松融洽的氛围中，使学生的自尊心得到满足，学习的热情得到释放。

（二）精心做好交流前的准备工作

1. 了解学生，要把握好学习中交流的起点

在上课前，教师可以从以下几个方面考虑：①学生是否具备了新知学习所必需的认知基础？②学生是否已掌握或部分掌握了新知？掌握的人数、内容、程度怎样？③哪些内容学生自己能自学？哪些内容需要学生相互交流讨论？哪些内容需要教师点拨和引导？

2. 理解教材，要把握教学目标

首先，教师要对教材深入钻研以及准确把握学生已有的认知基础和生活经验，确定学习的重点和难点。其次，目标定位要全面，既要有知识技能的目标，又要有情感态度与价值观以及科学思考等发展性的目标。教师要着重搞清哪些方面有交流的必要，是交流的重点；哪些方面可做简单交流处理，只需在学生学习的基础上稍做点拨即可。

3. 应准备有效的交流材料

教师应事先准备有效的交流材料让学生有话想说、有话可说。教师应根据学生的学习兴趣来准备材料、设计教学过程，让每个学生都积极参与学习交流，发表自己的看法。

（三）把握交流时机，合理选择交流形式

1. 恰当把握交流时机

一般来说，交流的时机有以下四种情况。

（1）产生疑难问题时与人交流。这种交流可以起到释疑解难的作用。

（2）知识构建时与人交流。这种交流可以让学生思考、领悟科学概念、原理的形成过程，讨论、交流探索成果，使学生明确事物的本质特征、相近概念的联系与区别。

（3）解题时与人交流。这种交流可以让学生参与解决问题思路的探索、方法的概括，使学生养成从不同角度思考问题的习惯。

（4）总结概括时与人交流。这种交流有利于学生抓住事物的本质属性，去粗取精，去伪存真，进行科学的、综合的总结归纳。

2. 合理选择交流形式

（1）师生谈话式。教师将学习内容设计成若干个有内在联系的问题系列，在课堂上逐个引导，启发学生回答，或纠正学生回答中的错误，使知识活动逐步深入。这样，师生都可以获得反馈信息，教师根据反馈信息及时调整教学过程和改善教学活动。

（2）分组讨论式。教师根据教学目标提出要讨论的问题，将学生按区域或座位分成若干个小组，每组选出一位组长来负责组织讨论，小组间的意见在全班进行讨论，并对他组意见进行评价。在小组讨论中，教师要注意观察了解学生的活动情况，必要时也要介入讨论，并对学生的研究给予鼓励。

（3）实践探究式。教师根据教材的结构特点以及学生的思想、知识、能力水平等，将教材内容设计成一系列思考题，引导学生通过阅读、观察、实验、思考、讨论、听讲等途径去主动研究问题、探索知识、总结规律。

（四）重视方法指导，提高学生的交流技能

1. 引导学生学会阅读

阅读材料并不限于科学课本，学生的作业、学习材料、科学史话和故事等都应成为他们的阅读内容。教师要通过学生有序和广泛的阅读交流，使他们有更多的机会从不同的角度和关系中了解与学习科学，学习他人思考问题的方法，分享同学的解题策略。

2. 引导学生学会倾听

教师要引导学生学会倾听，听的时候要抓住以下几点：一是听表达的大致过程，从总体上把握别人发言的要点；二是听别人解答问题的思维策略，采用的思考方法；三是听别人表达的思想有没有不严谨的地方，自己随时准备进行质疑或补充。

3. 引导学生学会对话

学生在倾听别人发言时，经过自己的思考后，还要学会对话，通过对话把交流引向更深层次。可以用以下几种方法进行对话提问：一是质疑型提问，如"你讲的我不太明白，能不能说得更清楚些？"二是反驳型提问，如"如果是这样，用你的方法怎样解释这个现象呢？"三是补充型提问，如"前面我想的跟你差不多，但是后面我是这样想的……"

4. 引导学生学会评价

在交流的过程中，教师要让学生带着尊重和欣赏去倾听别人的发言，要学会合理地评价别人的观点和想法，要学会接受别人的优点，要学会从别人的发言中捕捉闪光点，并从中受到启发，取人之长，补己之短，让交流的过程成为大家共同提高的过程。

5. 引导学生学会"写科学"

课堂交流大多是以语言进行的，教师还可以创造更多的机会让学生"写科学"，就是引导学生把他们学习科学的观察发现、心得体会、反思和研究结果用文字的形式表达出来，并进行交流。这可以培养学生的交流能力，并且提高学生的科学学习水平与探索研究能力。

（五）注重学生参与交流的情感培养

1. 让学生充分体验交流的成功感

学生在学习过程中都希望得到更大、更好的成功，他们总是想展示自己的才能，以得到老师和同学的赞许。当他们正确回答一个比较难的问题或解决了一道比较难的题目时，都会从心底升起一股兴奋感。我们要保护学生内在的学习积极性，给他们提供满足的机会，使他们获得成功的体验，我们提出的问题要尽量让学生得体自豪地解答出来，课堂作业也要考虑大多数学生有成功的机会，让学生感受到"跳一跳，摘到果子"的喜悦心情。

2. 平等互助

在学生交流的过程中，教师要善于建立平等互助的师生、生生关系，要充分相信学生的能力，把自己也看作学生的一员，使学生充分展现自己的交流成果，师生共同研讨、交流，在平等的氛围中增进师生、生生的情感，并在交流中培养学生的自我效能感。

3. 做好交流后的及时评价与激励

评价的目的是全面了解学生的科学学习历程，激励学生的学习和教师的教学，对有效交流的评价不仅要关注学习的结果，更要关注学习的过程。教师应视差异为常事，不能苛求学生在科学学习上获得同样程度的成功；不能急于给学生个体下结论，而要更多地关注学生在交流中对科学学习的积极态度，关注其能否学会从科学的角度来思考问题；同时要注重鼓励，教师应对每个学生持有期望，坚信每个学生都会成功，对学生的交流观点不会因为与自己的想法有异而给予否定，对学生的新认识、新发现，不管是对还是错，都应给予恰当的评价。特别是平时交流困难的学生，如其有点滴进步，甚至有创造性的因素，更应该给予肯定和表扬；如发现学生交流有误，应给予启发性的评语，引导学生找出原因，正确解决问题。同时教师要引导学生学会合理地评价别人的观点和想法。

第二章

现象教学

"现象教学"的内涵与基本特征

一、现象教学的内涵

2018年12月19—21日，第二届全国青少年科学研讨会在东莞松山湖中心小学成功举办，副校长刘庆兵与姚菊容、陈晓敏两位老师作为与会代表分别做了现象教学专题讲座与课例展示，分享了基于深度学习的现象教学实践与研究，成为研讨会关注的热点。在研讨会上，特邀专家——著名特级教师、杭州市钱江外国语实验学校校长刘晋斌在点评时赞叹："松山湖中心小学的学生非常棒！真的非常棒！学生就是一面镜子，反映的是学校的常态教育，学生的自我调控、思维发展、批判精神、科学素养都体现在课堂中，让我看到了松山湖中心小学的教育理念以及科学老师平常上课的状态。"

现象教学有什么魔力，如此吸引与会专家和代表的眼球，赢得如此高的赞誉？

深度学习源于美国，主要指向六大能力。我想请问一下，贵校开展的基于深度学习的教学变革深在哪里？具体到科学现象教学又深在哪里？

——季荣臻（无锡市小学科学教研员）

美国SDL的准实验研究从认知、人际、个人三个维度对深度学习做了如下界定：深度学习是学生能够胜任21世纪工作和作为公民生活所必须具备的能力，这个能力可以让学生灵活地掌握、理解学科知识以及应用这些知识去解决课堂上和未来工作中的问题，主要包括掌握核心学科知识、批判性思维和复杂问题解决、团队协作、有效沟通、学会学习、学习毅力六个维度的基本能力。我们据此提出大致相对应的学科深度、交往深度、思维深度，作为深度课堂研究操作的三要素：要素一，学科深度——落实学科核心素养，提升课程教学的效度；要素二，交往深度——培育学习共同体，提升课程教学的温度；要素三，思维深度——发展高阶思维，提升课程教学的广度。

现象教学源自芬兰，即基于现象（主题）的教学，是指按照某一现象或主题来实现跨学科的主题教学。我们在科学课程中所进行的现象教学是以教材为线索，围绕生活中的现象（科学问题）而展开的科学探究实践活动，即将教材内容与生活实际相结合，把学生感兴趣的现象或问题作为切入点，让学生运用建构的科学概念（工程技术）解释生活现象（解决生活问题）。它从现象的真实性（创设真实情境与设计驱动性问题）、探究的有序性（建立探究任务与安排探究环节）、思维的深刻性（掌握探究方法与建构科学概念）三个视角进行了研究，包括三部分内容：①现象引入，从贴近学生生活的科学现象出发，提出驱动性的问题（任务），激发学生探究的欲望；②探究活动，在活动中习得科学方法，建构科学概念；③科学实践，运用科学方法和技术，解决实际问题。

今天听了《基于深度学习的"现象教学"实践与研究》的专题报告，"建立生活联系"和"建构科学概念"给我留下了很深的印象，远远超越了"科学实验"层面，这是否是现象教学的追求？

——刘晋斌（著名特级教师、杭州市钱江外国语实验学校校长）

从科学实验走向科学实践就是现象教学的追求。

松山湖中心小学在建校之初就配足了科学教室、配足了科学仪器、配足了专职的科学教师、开足了科学课，演示实验、分组实验开出率达100%，在这个基础上如何再向前迈进一步？如何从技能型教学向能力型教学迈进？

目前，科学教学存在三大问题：①学生在科学课堂中对科学实验很感兴趣，但对生活中的一些科学现象（科学问题）却熟视无睹，更不会主动进行探索与研究；②学生在科学课堂上进行实验探究讨论得热火朝天，但实验结束却没有发现什么科学规律或得出什么科学结论；③教师在教学过程中设计多个教学环节，却忽略了学生的思维发展。

为解决科学教学中的三大问题，培育深度课堂，让教师从技能型教学向能力型教学迈进，培养学生的深度学习能力，全面提升学生的科学素养，经过反复研讨论证，我们开展了基于深度学习的现象教学探索与实践。

现象教学有两大要旨：一是让学生建构科学实践与生活现象的联系；二是让学生建构科学探究与科学概念的联系。

现象教学的核心变革是让科学课堂从碎片化的知识教学转向结构化的问题探究，即问题——学什么：变知识导向为问题导向；活动——怎么学：变浅层学习为深度学习；评价——学得如何：变知识输入为思维产出。

二、现象教学的基本特征

现象教学创立了PBL（基于项目/问题的学习）模式在科学学科中的校本化实践样态——基于教材的常态化问题主线教学，强调并在实践中彰显了核心问题、问题串在知识建构和迁移运用中的意义。它的基本特征是活化教材、问题主线和思维本位。

（一）活化教材

活化教材是指以新授教材为基础，以关联教材为依托，以学情特点为起始，通过三次整合产生核心问题。例如，"车动了吗？"核心问题产生表见表1。

表1

三次整合	问题凝练
整合一：新授教材	1. 在平稳行驶的车上，如果不看窗外，你能感觉车在运动吗 2. 你怎样知道电梯开动了？缆车运动了
整合二：关联教材	观察身边的物体，哪些物体的位置发生了变化（整合二年级下册"说位置""辨方向"）
整合三：学情特点	四年级的学生熟悉运动现象，却没有参照物的概念，默认以地面为参照物，认为物体的运动状态是唯一的，比较难理解"车相对于车内的座椅是静止的"这个概念
核心问题（现象引入）	汽车从车站开出，为什么妍妍说车开了，但琪琪感觉车还没有开？如何判断物体发生了运动

（二）问题主线

问题主线就是以问题为课堂教学主线，课堂教学围绕问题而展开，以问题的提出为学习的开始，以问题的解决为学习的终结，问题贯穿整个学习活动的始终。因此，在研读教材、深入理解教材的基础上提炼出来的核心问题应该是个"大问题"，它可继续向下分解出探究活动的问题串（任务串），还与问题的解决相关联。问题主线的操作要领是培养学生的问题意识：引导学生善于观察，提出问题；引导学生敢于实践，探究问题；引导学生乐于运用，解决问题。下面以"蚂蚁长啥样"教学为例进行介绍。

环节一：现象引入

小小的蚂蚁居然能背起重量是自己体重50倍的食物，蚂蚁究竟长啥样？它的家在哪里？它喜欢吃什么？

环节二：探究活动（问题串）

问题1：你能"钓"起一只蚂蚁并将它的外形画下来吗？①画一画，你印象中的蚂蚁长啥样？②再画一画，你观察到的蚂蚁长啥样？

问题2：你还想探究关于蚂蚁的哪些问题？①蚂蚁喜欢吃什么？②蚂蚁如何搬运食物？

环节三：解决问题

①仔细对比观察前和观察后分别画的蚂蚁外形，你发现蚂蚁长啥样？②选择一个问题进行探究，你有什么新发现？

环节四：问题拓展

自然界中还有许多其他小昆虫，如蜘蛛、蜜蜂等，它们的身体外形和蚂蚁一样吗？

（三）思维本位

课堂教学是教师的教和学生的学构成的一个有机整体，是教师有计划、有目的地创设教学情境，促进学生全面发展的过程，在这个过程中，教师与学生的核心活动是思维。促进学生和教师积极主动地发展思维是提高课堂教学质量的关键，也是课堂教学改革的方向。因此，课堂教学中的教学环节既要聚焦核心概念，也要关注思维发展，让教学回归思维本位。

1. 现象引入，激发思维

"你觉得全国各地的土壤颜色会有不同吗？土壤为什么会有不同的颜色？土壤究竟有几种颜色？""你有什么办法可以让土豆浮起来？""校园里还有

哪些植物像白兰、荔枝？"这些现象的引入可以引发学生的认知冲突，激活学生思维。

2. 问题探究，发展思维

问题串聚焦教师的教与学生的学，来突出现象教学探究的有序性（建立科学的探究任务和安排合理的探究环节）与思维的深刻性（掌握探究方法和建构科学概念）。问题串要聚焦结构化思维，即提出问题（大任务）—问题串（分任务）—小问题（小任务），从而构成了结构化思维，促进了学生思维的发展。问题串要一次呈现，可分一次、两次处理，避免一问一答的碎片化教学，要实现大开大合的教学。

3. 问题解决，思维迁移

问题解决除了内容的迁移、兴趣的迁移外，还要实现思维的迁移。

案例1："蚂蚁"

在生活中，我们经常能看到吃剩的糖果上爬着非常多的蚂蚁，还有吃剩的苹果上也有很多蚂蚁。蚂蚁喝水吗？蚂蚁会吃青菜吗？蚂蚁到底喜欢吃哪些食物？

案例2："旅人蕉"

旅人蕉原产于马达加斯加，在中国广东、台湾有少量栽培，为庭园绿化树种。由于其叶鞘呈杯状并能储存大量可饮用的水液，可为旱漠旅人提供紧急水源，故而得名旅人蕉。旅人蕉的茎有人的双臂抱合那么粗，高23米以上，那么它是否属于乔木？为什么？

上面两个案例的问题拓展都紧扣核心概念，设计了具有驱动性的问题，能引发学生运用新建构的核心概念去分析、判断，以实现思维的迁移。

现象教学的变革路径

美国SDL的准实验研究从认知、人际、个人三个维度界定了深度学习能力，东莞松山湖中心小学基于深度学习的校本化实践研究，提出大致对应的学科深度、交往深度和思维深度的教学三要素，用于各学科教学策略的改进。

要素一，学科深度——落实学科核心素养，提升课程教学的效度。由于核心素养在真实情境中解决问题时才能表现出来，因此，科学教学不仅要重视科学观念的深度理解，还要重视这些观念在真实情境中的应用。而科学的学科核心素养主要包括科学观念与应用、科学思维与创新、科学探究与交流、科学态度与责任四个方面。科学核心素养的培养不是简单的科学知识的叠加，也不是碎片化知识的习得，必须设计汇聚学科核心知识、关联学生现实生活、具有深度思维的核心问题，让学生在探究中实现问题解决，才能凸显学科深度。

要素二，交往深度——培育学习共同体，提升课程教学的温度。美国学者爱德加·戴尔于1946年提出了"学习金字塔"理论。爱德加·戴尔提出，学习效果在30%以下的几种教学方式都是个人学习或被动学习，而学习效果在50%以上的都是团队学习、主动学习和参与式学习。而小学科学教学强调自主、合作、探究教学，强调学生是学习和发展的主体，突出"做中学"和"学中思"，因此，课程教学的温度直接影响着学生交往的深度，间接影响了课程教学的效果。

要素三，思维深度——发展高阶思维，提升课程教学的广度。知识维度由上至下有事实性知识、概念性知识、程序性知识、反省性知识（元认知知识），认知过程维度由左至右有记忆、理解、运用、分析、比较、创新。我们的教学行为要从仅仅集中分布于左上角调整为普遍关注，对高阶思维的关注从无意注意调整为有意注意。

一、问题导航，促进"教"的变革

松山湖中心小学科学科组开展基于深度学习的现象教学的研究与实践，从科学实践走向概念建构，变"知识主线"为"问题主线"，通过核心问题凝练、设计问题串，开展微缩版项目式学习，培养学生的问题意识及问题解决能力，即一节课围绕一个核心问题展开探究，以现象为导入，以问题解决为目标，让学生有序地进行探究，从而习得探究方法，建构科学概念（问题解决）。

（一）问题凝练

问题凝练，即现象引入，通过创设一个生活中的现象或者设置一个生活中的科学问题，引导学生展开科学实践活动。现象教学的关键在于用教材"教"而不是"教"教材，其内涵是在教学过程中，不是简单地向学生讲述教学内容，传授科学知识，而是要根据当地学生的实际情况，以教材为范例，在深入理解教材的基础上，创造性地使用教材内容来开展教学，引导教师、学生、教材三者开展深度互动交流。它的本质是强调教师重新研读与理解教材，研究与总结教学策略，继而整合教学内容，提炼出核心问题，以问题解决展示探究，即用教材教。

问题凝练有三个层次：①激发学习兴趣；②聚焦核心概念；③指向高阶思维。问题凝练需教师对科学教材进行反复研读、梳理和整合，然后抓住教学内容的重点与主干，明确问题主线，凝练出核心问题，通过创设真实的生活情境、实验现象，设计驱动性的问题，激发学生思维。现象教学的来源主要有两条路径：生活现象和实验现象。

1. 生活现象引入

案例1："让一杯浊水变清"

师：连日暴雨之后，水龙头流出的水很混浊（出示一杯浊水），请观察这杯浊水，说说你的发现。你们能想办法让这些浊水变清吗？

生：可以让这杯水放一段时间，它慢慢就变清了。

生：可以用过滤的方法，让浊水变清。

师：在生活中我们可以利用什么材料进行过滤？

生：沙子、石头、炭、纱布、网等。

师：我们这节课就一起利用这些材料让这杯浊水变清。（板书：让一杯浊水变清）

案例2："制作生态瓶"

师：同学们，老师养在鱼缸里的鱼（出示装有死鱼的鱼缸）没过几天就死了。鱼为什么死了呢？

生1：鱼儿可能饿死了。

生2：鱼儿可能缺少氧气。

生3：一条鱼儿太孤独了。

师：如何设计制作一个适合小鱼生活的生态瓶呢？这节课我们就一起来探究：如何制作一个让鱼儿生存的生态瓶。

案例3："自动浇水器"

师：（出示课件）看！这是我们三（7）班阳台，种满了各色植物，生机盎然。可是每逢节假日，没有人给这些植物浇水，它们就会慢慢枯萎。你有什么办法解决假期给植物浇水的问题吗？

生：我们可以把花盆放到装有水的盆里面。

生：我不同意这种做法，这样花也会死的。

师：那还有什么办法在假期里给植物浇水呢？

生：我们可以用纸巾做水桥，给花浇水。

生：我觉得用棉绳来做水桥效果应该会更好。

师：除了用纸巾、棉绳之外，还可以用其他材料做水桥吗？用塑料绳可以吗？用布可以吗？

师：究竟用什么材料来做水桥？怎样做？我们今天这节课一起来研究自动浇水器。（板书课题）

解析：案例1是由六年级下册第四单元"守护家园"中第26课"保护水资源"整合而来的。原教材引入的生活情境是：小朋友们在郊游，走到一个湖边，湖水绿绿的。波波赞叹水很绿，彬彬却认为水不一定干净，可以调查水质情况，于是琪琪提出问题："怎样进行水质调查？"

案例2是由六年级上册第一单元"生物生存的环境"中第8课"生态瓶的秘密"整合而来的。原教材引入的生活情境是：琪琪和波波看见商店里密封的瓶子里有活蹦乱跳的鱼儿，感到很惊奇，密封的瓶里怎么能养鱼呢？教师通过联系学生养鱼，过几天鱼儿会死这一实际的生活现象，引发学生对生态瓶的探究，激发学生的探究欲。

案例3是由三年级下册第二单元"材料的选择"中第5课"花盆补水器"整合而来的。原教材引入的生活情境是：三个小朋友在阳台观赏植物，琪琪在浇花，妍妍提出可以用花盆补水器代替人工浇花。妍妍提出自己做花盆补水器，那么："用什么材料做花盆补水器？""怎样把瓶子里的水引到花盆里呢？"

这三个案例引入的生活情境都带有驱动性任务，也存在一个共同的特点：非常贴近学生的生活。连日暴雨后水龙头流出来的水很混浊，养在鱼缸里的鱼死了，假期阳台上的绿色植物枯萎了，这些真实而又紧密联系学生生活的问题，激发了学生的探究欲望，引领着学生的探究从科学实验走向生活实践，不仅有利于培养学生的问题解决能力，而且能帮助学生获得科学探究的成就感。

2. 实验现象引入

从现象真实性的视角对粤教版小学科学一至六年级的教材进行梳理和整合，其中一至三年级以实验现象引入的课例摘录见表1。

表1

一年级		
原课题	整合后的课题	实验现象引入
"往水中加点东西"	"白糖去哪儿了"	把白糖放入水中，白糖去哪里了
"空气还藏在哪儿"	"空气捉迷藏"	小砖块放入透明水槽中为什么会冒气泡
"哪些物体是浮的"	"沉浮对对碰"	橘子和猕猴桃同时放入水槽中，谁沉谁浮
"我的小船"	"让橡皮泥浮起来"	把实心长方体橡皮泥、实心球体橡皮泥分别放入水中，你有什么猜想
"纸都吸水吗"	"制作纸水杯"	往面巾纸和蜡光纸上同时滴上一滴水珠，发生了什么现象
"让纸张更结实"	"用纸做'跳绳'"	对比几种纸条，哪种纸条更结实
二年级		
原课题	整合后的课题	实验现象引入
"有趣的钓鱼玩具"	"磁铁去旅行"	磁铁能吸哪些物体
"磁铁小车"	"磁铁的秘密"	为什么磁铁指挥棒指挥磁铁小车向各个方向运动
"会'辨'方向的玩具鸭"	"小黄鸭找妈妈"	为什么小黄鸭上放了磁铁在水中就能指方向
"做磁铁玩具"	"磁铁玩具发布会"	为什么有些笔放在磁铁上能悬浮起来，有些却不能
"喷气小车"	"喷气玩具的奥秘"	把气球吹大，松手后为什么气球会到处乱飞
"纸陀螺"	"让纸陀螺多转一会会"	让两个纸做的陀螺同时转起来，为什么一个转得更久
三年级		
原课题	整合后的课题	实验现象引入
"能溶解多少物质"	"谁溶解得更多"	分别在两杯100毫升的水中放入糖和盐，有什么发现
"食盐还能分离出来吗"	"把食盐分离出来"	浓盐水放在窗台上变成了白色晶体是怎么回事
"身边的物品"	"黑盒子游戏"	用手摸黑盒子里的物品，猜猜是什么
"质量的测量"	"哪个质量更大"	观察两个木块，猜哪个质量更大
"材料与沉浮"	"让土豆浮起来"	把土豆放入水中，你有办法让土豆浮起来吗
"花盆补水器"	"自动浇水器"	你有办法解决假期给植物浇水的问题吗
"冰、水和水蒸气"	"水只有液态吗"	水只有液体这种状态吗

解析：一年级上册"纸都吸水吗"任务驱动情境是"教室里正在上书法课，同学们在练习用毛笔写字时发现，有些纸不吸水，不太适合写毛笔字"，从而提出问题：纸都吸水吗？整合后的实验现象引入是教师将水滴在面巾纸和蜡光纸上，让学生观察有什么现象。学生通过观察发现，在面巾纸和蜡光纸上滴同样一滴水，有的小水滴很快就"消失"了，有的小水滴慢慢变成小水珠。教师继续追问：在报纸、打印纸、作业纸、科学书、笔记本上滴同样的小水滴，它们会怎么样呢？

二年级下册"纸陀螺"任务驱动情境是波波和琪琪观看高年级的哥哥玩纸陀螺时，发现哥哥们玩的陀螺是纸做的，感到非常好奇：纸也能做陀螺吗？怎么做纸陀螺呢？整合后的实验现象引入是教师手拿两个纸陀螺，问大家这两个陀螺哪个能转得更久，为什么？

三年级下册"材料与沉浮"任务驱动情境是孩子们在游泳池旁，发现塑料做的浮板和救生圈都可以浮在水面上，从而提出问题：还有什么材料可以浮在水面呢？整合后的实验现象引入是教师手拿一个土豆，问学生土豆放入水中是沉还是浮。学生有的说沉，有的说浮，教师把土豆放入装了三分之二水的水槽里，结果发现土豆是沉的，于是提出问题：你有什么办法让土豆浮起来吗？

这些案例引入都是带有驱动性任务的生活情境，也都离学生的实际生活比较远，可以把它们整合成更直观的实验现象来引入，引发学生认知冲突，激发学生探究欲望，引发学生深层思考。

从学生身边的自然现象或科学现象入手，营造生活化的学习情境或趣味性的科学现象，可以启发学生在熟悉的情境中自主地发现科学问题，能有效培养学生的问题意识，同时确定问题探究的任务及目标。

（二）问题探究

科学现象教学以问题为主线的教学方式也可理解为微缩版项目式学习。如何建立科学的探究任务和安排合理的探究环节，引导学生自主地开展探究活动，从而实现问题解决呢？科学现象教学通过围绕核心问题进行问题分解，形成任务串，引导学生开展有序探究。问题的设计不是简单地把陈述句变成疑问句，而是围绕问题的解决进行的问题分解，形成的问题串，是学生学习的支架，是学生思维发展的阶梯。

1. 问题串逻辑关系

科学探究注重逻辑推理和知识应用，因此任务串的设计不仅要聚焦学科核心知识（核心问题），同时问题之间相互联系，形成一个具有一定结构、相对完整的内容体系。科学问题探究活动中，问题串之间有并列和进阶两种关系，分别用大括号和箭头表示。

（1）并列式问题串。

案例1："往水中加点东西"（见图1）

1

任务一：食盐在水中会如何变化？
1. 你认为食盐在水中会是怎样的？
2. 将少量食盐加入水中，静置1分钟，它会如何变化？
3. 搅拌后，盐在水中会如何变化呢？

2

任务二：白糖、沙子和食用油都能在水中溶解吗？
1. 你认为白糖、沙子、食用油都能在水中溶解吗？
2. 白糖、沙子、食用油在水中会如何变化？

图1

案例2："是什么转换成电能的"（见图2）

1

任务一：手压式手电筒是怎样获得电能工作的？
1. 手压式手电筒和手摇式发电机的工作原理有什么异同点？
2. 手压式手电筒是将什么能量转换成电能来工作的？
3. 如何利用手摇式发电机使灯泡亮起来？如何控制灯泡的明暗程度？

2

任务二：发电站是怎样获得电能的？
1. 你知道发电站有哪些类型吗？
2. 这些发电站是将哪种形式的能量转换成电能的？这种发电形式有什么优点或不足？

图2

解析： 案例1中，任务一"食盐在水中会如何变化"旨在引导学生从物体刚放入水中和搅拌后两个方面进行描述、对比，学会判断物质是否溶解；而任务二"白糖、沙子和食用油都能在水中溶解吗"是引导学生迁移运用"溶解"的科学概念，分析、判断其他物质能不能溶解。这两个任务串都是通过探究活动让学生理解溶解的概念，属于并列式关系，所以用括号来表示。

案例2中，任务一"手压式手电筒是怎样获得电能工作的"旨在让学生体验手压式手电筒和手摇式发电机如何工作，对两种物体的工作原理进行比较，明白两者异同的同时总结出规律——机械能换成电能；任务二"发电站是怎样获得电能的"是让学生通过收集资料，了解发电站的类型和发电站工作过程中的能量转换形式，从而建构"机械能、太阳能、热能等能量形式都可以转换为电能"这一科学概念。两个任务都是让学生了解什么形式的能量转换成电能，属于并列式关系。

（2）进阶式问题串。

进阶式问题串在知识体系上由浅入深，思维螺旋上升，由低阶思维向高阶思维递进。

案例1："荔枝与莲雾"（见图3）

任务一：荔枝与莲雾的茎长什么样？
1. 我们如何观察、记录荔枝和莲雾的茎呢？
2. 荔枝与莲雾的茎有什么特点呢？

任务二：荔枝与莲雾的叶及其他器官有什么不同？
1. 荔枝与莲雾的叶的形状、大小、颜色等有什么不同？
2. 荔枝与莲雾的花、果实又有什么特征？

任务三：学校里还有哪些乔木呢？
1. 荔枝与莲雾的植株有哪些相同的特征？
2. 校园里还有哪些植物属于乔木呢？你的判断依据是什么？

图3

案例2："车动了吗"（见图4）

> **任务一：车在动吗？**
> 1. 在平稳行驶的车上，相对于站台上固定的物体，你感觉车在运动吗？
> **操作要点**：引导学生以站台上固定的物体为参照物来判断。
> 2. 如果不看窗外，你能感觉车在运动吗？
> 3. 电梯、缆车运动了吗？

> **任务二：物体的位置变化了吗？**
> 1. 物体运动时，它们的位置会发生变化吗？
> 2. 图片中哪些物体的位置发生了变化？发生了什么变化？

图4

解析：案例1中设计了三个小任务：任务一让学生先观察后记录，然后根据观察结果对茎的特点进行归纳；任务二指引学生分别观察荔枝和莲雾哪些部位，并总结其特征，从而建构乔木的特征这一科学概念；任务三是引导学生对比植株相同特征，进行归纳总结，之后进行迁移与应用，找到校园里的乔木。三个问题分别从了解茎的特点、与莲雾对比、对比植株相同特征三个方面让学生从建构概念到迁移应用，呈现思维的进阶，所以用箭头符号表示进阶关系。

案例2紧扣参照物以及参照物的位置，设计了两个任务：任务一"在平稳行驶的车上，相对于站台上固定的物体，你感觉车在运动吗"引导学生以站台上固定的物体为参照物来判断车是否在运动；"如果不看窗外，你能感觉车在运动吗"引导学生以车内的物体为参照物来判断车是否在运动；"电梯、缆车运动了吗"引导学生迁移与运用新知识判断电梯、缆车是否在运动。任务二"物体运动时，它们的位置会发生变化吗"引导学生先选定参照物，再思考判断运动的物体与参照物的位置是否发生变化。两个任务问题由浅入深，一环扣一环，呈现问题的进阶与思维的发展，属进阶关系。

2. 问题串操作要领

以问题为主线的现象教学，在探究活动环节都会围绕核心问题进行问题分解，从而形成几个探究任务，以问题的形式呈现，构成问题串。问题串的设置有三大操作要领：聚焦核心问题、关注思维发展和搭建学习支架。

（1）聚焦核心问题。

任务串的设计不可以是碎片化问题的组合，问题不宜过多、过大，每个问题都必须聚焦核心问题，指向问题解决。

案例1："不一样的饮水瓶"（见表2）

表2

核心问题（一级任务）	问题串（二级任务）
同学们用的饮水瓶有什么不同？如何改进、设计一款更实用的饮水瓶	1. 各种饮水瓶有什么不同
	2. 不同的饮水瓶满足了人们什么需求
	3. 如何设计一款不一样的饮水瓶

案例2："能量的转换"（见表3）

表3

核心问题（一级任务）	问题串（二级任务）	小问题（三级任务）
扭扭蛇为什么会动起来呢	任务一：扭扭蛇为什么会动起来	1. 你打算按什么步骤制作扭扭蛇装置 2. 你是如何让扭扭蛇动起来的？转动的扭扭蛇具有什么能量 3. 扭扭蛇转动时具有的机械能是由什么形式的能量转换来的
	任务二：其他形式的能量也能互相转换吗	1. 微课中三个装置由什么能量转换成什么能量 2. 下面四幅图片中哪些形式的能量发生了转换 3. 你还能列举生活中能量转换的例子吗

解析：案例1中的核心问题是"同学们用的饮水瓶有什么不同？如何改进、设计一款更实用的饮水瓶"围绕核心问题设计了三个任务：任务一"各种饮水瓶有什么不同"引导学生通过观察、分析不同的饮水瓶的功能特点，从而发现概括出不同饮水瓶有不同的功能这一规律；任务二"不同的饮水瓶满足了人们

什么需求"目的是让学生了解设计师根据人们需求进行产品分析及设计的方法；任务三"如何设计一款不一样的饮水瓶"则是知识与方法的迁移和应用，引导学生尝试为他人设计不一样的饮水瓶。整个过程聚焦"如何改进、设计一款更实用的饮水瓶"，让学生通过发现规律，学习方法，从而进行设计，实现问题解决。

案例2在活动探究环节，围绕核心问题设计了"扭扭蛇为什么会动起来"和"其他形式的能量也能互相转换吗"两个小任务，形成任务串。

任务一分解成三个小问题，三个小问题按"观看微课，归纳步骤——制作体验，猜想分析——验证分析，总结规律"这一思路，以微课、装置、结构图为支架，引领学生由浅入深、由易到难，手脑结合，有序开展探究活动。

任务二分解成三个小问题，三个小问题按"动态装置分析——静态图片分析——实例列举描述"这一思路，让学生学以致用，深入了解能量转换的同时，将科学知识与生活建立联系。无论是二级任务还是三级任务，都聚焦概念"能量从一种形式转换成另一种形式"。

（2）关注思维发展。

探究活动要聚焦结构化思维：提出问题（大任务，一级）—问题串（分任务，二级）—小问题（小任务，三级），从而构成了结构化思维，促进学生思维的发展。学习单任务设计还要渗透思维方法的指导。

案例1："蚂蚁长啥样"片段节选

师：将你观察到的蚂蚁画下来，画完后对比原来凭印象画的蚂蚁，可以小组之间相互交流。

师：时间到，哪位同学想要分享一下你观察的蚂蚁呢？通过前后两次画蚂蚁，你有什么发现？

生：我以为蚂蚁身体有四节，通过观察，我发现，原来蚂蚁身体有三节；我以为蚂蚁有8条腿，但是用放大镜看了，我数了数，实际只有6条腿。

生：我来补充，我还观察到蚂蚁的头上还有眼睛、嘴巴和两只触角。

生：我同意前面同学的观点，我还发现蚂蚁的腿都长在中间这节。

生：是的，我发现蚂蚁最后一节尾巴是尖尖的。

师：同学们都观察得十分仔细。结合大家的发言，谁能说一说蚂蚁身体有哪些特征？

生：蚂蚁身体为三部分，分别是头、胸、腹，头部有两只触角、一对眼睛。

生：胸部有6条腿，两边各3只；腹部末端尖尖的。

案例2："好用的小撬棒"

……

师：你们完成得很认真，这两个罐盖有什么不同？

生：我们观察发现，1号罐盖边上有一条凸起的东西，2号罐没有，罐盖包裹着里面的罐子。

师：你们观察得真细致！我们把罐盖边凸起的部分称为"沿"，那为什么用同一根撬棒，会有不同的结果呢？你能结合记录的简图来分析其中的原因吗？

生：小木棒撬开1号罐时，边缘的沿帮了它一把，能使上力，但是2号罐没有沿，使不上力，小木棒也就撬不开罐盖了。

师：分析得很到位。这根普通的小木棒要成为一根好用的小撬棒还是有一定的奥秘的，在这个过程中，罐子边缘凸起的沿起到怎样的作用呢？

生：我们认为沿起到了"支点"的作用，有了凸起的沿，普通的小木棒就成了好用的小撬棒，可以撬开罐盖。

解析： 案例1探究任务中有两次画蚂蚁的活动，教师设计了"哪位同学想要分享一下你观察的蚂蚁呢？通过前后两次画蚂蚁，你有什么发现？谁能说一说蚂蚁身体有哪些特征"三个问题，引导学生用比较的方法发现两次画蚂蚁的不同，引发学生对蚂蚁的认识冲突；在分享交流环节，教师引导学生聆听其他同学的发言，收集信息，用分析、概括等思维方法建构科学概念——蚂蚁的身体特征。

案例2围绕"普通的小木棒如何成为好用的小撬棒"这一核心问题，设计了三个循序渐进的问题："两个罐盖结构上有什么不同？""为什么用同一根小木棒却出现不同的结果？""凸出的沿有什么作用？"学生经历了观察、分析、判断等思维过程，逐步建构了"好用的小撬棒即杠杆，有支点、阻力点、动力点"的科学概念。

（3）搭建学习支架。

问题串的探究有一定的难度，学生往往无从下手，我们可以给学生搭个梯子、建个台阶，让学生循梯而上。例如，指向明确的提示语、直观形象的小视频、阶梯渐进的小任务、结构化的材料……都可以引领学生更加自主地开展探究活动，习得探究方法，获得问题解决的成就感。

案例1："生态瓶里的秘密"（见图5）

1 **任务一：池塘里有哪些成员？怎么给它们分类？**

池塘	成员
水中	
水面	
水边	

池塘剖面图

2 **任务二：如何根据生态系统规律设计生态瓶方案？**
请根据生态系统规律设计生态瓶的方案并画出设计图。

投放顺序说明：
_____
_____
_____

3 **任务三：你制作的生态瓶能养鱼吗？**
1.你制作的生态瓶能养鱼吗？
2.通过用生态瓶养鱼，你发现了什么规律？

图5

案例2："小黄鸭升降的秘密"（见图6）

任务一：怎样让小黄鸭升起来？

1. 观察①②号瓶有何不同。

2. 将①②号瓶分别竖直地扣在小黄鸭上，将它按入水底，不动瓶子，开始和结束时小黄鸭、水面的位置分别在哪里？

同学们，你有没有办法让大家都看到空气从瓶子里跑出去了呢？水平面和小黄鸭之间是什么关系？

（用"○"表示小黄鸭，"——"表示水面）

时间点	①号瓶	②号瓶
开始时		
结束时		
小黄鸭能否升上水面（打"√"）		

想控制小黄鸭的升降就要控制＿＿＿＿＿＿＿＿＿＿＿＿＿＿＿＿＿。

任务二：怎样运用小黄鸭升降的规律设计一款自由升降的"观光电梯"呢？

1. 选择什么材料？如何设计？

同学们，你的吸管应该插到哪里呢？是空气中还是水中？请先想一想，然后选择材料进行设计。

□水箱　　□②号瓶　　□吸管　　□小黄鸭　　□瓶盖

2. 想要成功地做出这个小黄鸭"观光电梯"，关键要控制什么？

图6

解析："生态瓶里的秘密"一课，教师通过设计有层次的问题，提供学生池塘生态系统图片、设计图表，引导学生先通过观察池塘成员，并进行分析归纳，建构池塘生态系统的规律，然后进行生态瓶的设计、制作。其中三个问题由易到难、由表及里，由发现规律到规律应用，体现了阶梯渐进的小任务搭建学习支架的理念。还有池塘生态系统图片、生态瓶图、池塘成员分类表、投放顺序表，这些图表也为学生开展探究活动提供了支持与帮助。

"小黄鸭升降的秘密"依据低年段学生的特点，探究活动的问题串呈现进阶式："怎样让小黄鸭升起来？""怎样运用小黄鸭升降的规律设计一款自由升降的'观光电梯'呢？"引导学生有序地探究。任务一中教师先演示使小黄鸭升起来，让学生观察、描述现象，再出示有结构的材料，引导学生进行对比、观察；任务二则利用任务一中发现的小黄鸭升降的规律，设计制作可自由操控升降的"观光电梯"。同时，教师提供了直观形象的记录表格或温馨的提示语，帮助学生思考方法的同时进行简洁快速的记录。其中演示的实验、结构化材料、形象的表格设计、引导性的提示语都为学生搭建了梯子，扶着学生一步步进行更为深入的思考与探究。

（三）问题解决

问题解决是检测学生学习效果的测试纸，包括迁移运用——自测和课堂观察——他评两种。迁移运用——自测是授课教师自己设计问题，检测学生课堂知识迁移运用的情况，以此判断本节课的教学质量。课堂观察——他评是其他教师课堂听课时，对某一学生（小组）进行学习行为观察并做出评价，以此反观教师的教学效果。

1. 迁移运用——自测

自测是在教学环节中，教师有意识地预设问题，考查学生对知识掌握的情况和迁移运用的能力，及时了解学情，自我调整教学。教师要有评价意识，在备课时设计评价环节，在教学中落实。

例如，一年级下册"纸都吸水吗"：学生在比较报纸、杂志纸、作业纸、卡纸的吸水本领后，发现"不同的纸吸水本领不同"的科学规律。最后，教师有意设置"选纸做纸水瓢"的教学活动，提出问题（要做一个纸水瓢，怎样选纸？选择吸水本领强还是吸水本领弱的纸？为什么），根据学生选纸和阐述的理由判断前面科学概念的建构是否成功。

2. 课堂观察——他评（见表4）

表4

年级	课题	建构概念	迁移运用
一年级	"空气还藏在哪儿"	物体里面会藏空气	粉笔、土块、橡皮、木块里也藏着空气吗
三年级	"一株番茄"	植物有根、茎、叶、花、果实、种子六大器官	辣椒和水稻有哪些组成部分
四年级	"薇甘菊和爬墙虎"	薇甘菊和爬墙虎都是藤本植物，特征是：自身不能直立生长，或缠绕在其他物体上生长，或借助卷须、吸盘等攀附在其他物体上生长	校园里还有哪些藤本植物
五年级	"科学观察的工具——显微镜"	显微镜的结构及其使用方法	你能用显微镜清晰观察植物切片标本吗
六年级	"转动的风车"	风具有能量，风的能量有大小。风能可以转换成机械能	如何利用风能来帮助我们吊起重物

课堂观察——他评，即教师所说的听课革命，通过他人在听课中观察焦点学生、焦点问题，进而评判课堂学习是否真正发生。课堂观察——他评改变了传统教学评价方法，从关注"知识输入"转而关注"思维产出"。

（1）课堂观察的人数：参与观察的教师不宜多，3～5人为宜。

（2）课堂观察的位置：观察者（教师）走到学生中间，坐在被观察的学生旁边进行近距离观察。观察一个学生及其小组的学习过程。

（3）课堂观察的记录（课堂观察记录单，详见听课革命，促进"学"的变革）。

（4）课堂观察的焦点。

教师要聚焦深度课堂四特征，观察学生学习是否真正发生。在学习内容方面，看学生是否把握了本质与变式；在学习过程方面，看学生是否展开了建构与反思；在学习方式方面，看学生是否亲历了探究与协同；在学习结果方面，看学生是否学会了迁移与运用。

二、听课革命，促进"学"的变革

（一）课堂观察

如何判断学习是否真正发生？科学教师对科学课堂进行了观察，即听课革命：从"看教师"转变为"看学生"，看学生怎样学，学得怎么样；从"看场面"转变为"看焦点"，看焦点学生、焦点问题。课堂观察时，只观察某一个学生，记录与他相关的表现及行为。通过学生的表现及行为来判断学、反观教、建议教，以"学"定"教"，以"学"促"教"，通过不断地改进教师的教，最终促进学生的学。

1. 课堂观察，判断学

每一节科学课都会安排多名教师做课堂观察员，他们会选择不同的观察对象，对焦点学生整节课的行为、表现进行观察与记录，对学生的表现及行为从课堂四特征进行解剖与分析：一是在学习内容方面，看学生是否掌握了本质与变式；二是在学习过程方面，看学生是否展开了建构与反思；三是在学习方式方面，看学生是否亲历了探究与协同；四是在学习结果方面，看学生是否学会了迁移与运用。根据观察结果判断学生的学习是否真正发生。

案例："揭秘四季的变化"

"揭秘四季的变化"这节课有多位教师做了课堂观察记录，下面摘录其中两份，深度课堂观察记录见表5、表6。

表5

日期：2019年6月6日	学科：科学	听课教师：石建军	课题：揭秘四季的变化
五（1）班	执教教师：梁炯钊	观察对象（某生及其小组）：梁启程	

记录教师的教：	记录学生的学：
一、现象引入 温度、四季	思考质疑： 倾听发言后举手发表不同意见，并与伙伴讨论，认为气温引起四季的变化。
二、探究 1. 观察推理 影长与直射、斜射的关系	推理—迁移运用： 观察、分析图表后与伙伴讨论，认为一天温度越高，影子越短；温度越低，影子越长。还认为地球公转引起太阳的直射与斜射，而太阳直射与影子长短有关。
2. 模拟实验	质疑求证： 倾听、观看微课后与伙伴合作做模拟实验，在伙伴提示下能正确操作实验，伙伴测量、记录A、B、C、D影长分别为12毫米、40毫米、11毫米、0.5毫米。观看数据后质疑：D点的影子怎么这么短呢？建议再做一次实验。全组做完实验后讨论，得出正确结论。
三、发现规律 四季变化的原因	演示验证： 伙伴汇报实验结论，其他小组认为程小组的春季与秋季的点反了，程与伙伴上台一边演示实验，一边解说。
点赞	学科深度 交往深度 √思维深度	点赞	本质与变式　　探究与协同 建构与反思　　√迁移与运用
课后议	分享交流时，有其他小组的同学认为程小组的春季与秋季的点反了，于是程与伙伴拿轨道及地球仪上台，一边演示，一边解说：地球按照逆时针方向公转，四季按照春夏秋冬的顺序循环变化。D点影子最短是夏季，从D点转到A点，就是从夏季到秋季，所以A点是秋季，C点是春季

表6

日期：2019年6月6日	学科：科学	听课教师：张国华	课题：揭秘四季的变化
五（1）班	执教教师：梁炯钊	观察对象：温嘉慧（第8小组）	

记录教师的教：	记录学生的学：
一、现象引入 温度与四季的关系	质疑思考，实验验证： 听到别人的回答频频点头。 小组实验，伙伴发现B点影长最长。慧不认可，独自重做了一次模拟实验，记录A、B、C、D四点的影子长短后拿着记录单问伙伴：A点是什么季节？伙伴认为是夏季。慧回应说，A点影子最短是夏季，并马上记录下来。
二、探究 1. 影长与直射、斜射的关系 2. 模拟实验：根据影长变化判断四季	（操作时地球 N 极没有与轨道图的 N 极对齐，导致错误） 倾听反思，疑惑： 发现其他小组汇报的内容与自己不一致，看着自己的记录单思考起来，通过倾听发言发现自己和他人都是根据影子长短来判断四个点的季节的，但自己的结果与他们不同，开始看记录单和学具，想找原因。
三、汇报交流 四季变化的原因	但下课铃声响，本节课结束，没有找到原因。

点赞	学科深度 交往深度 √思维深度	点赞	本质与变式　　探究与协同 √建构与反思　　迁移与运用

课后议	第8小组出现了问题：地球的N极没有与轨道图的N极对齐，导致实验结果错误。 虽然温嘉慧同学在讨论A、B、C、D哪一点是春夏秋冬时，也会根据影长去判断

解析：两位教师分别选择了不同的观察对象，从深度课堂某一特征进行观察，由于观察的焦点不同，所获得的结果也不一样，但都可以通过看焦点学生来判断学习是否真正发生。

第一份观察记录中的观察对象是梁启程同学，选择的角度是"迁移与运用"。通过观察与记录发现在探究环节，程同学通过观察、分析图表后与伙伴讨论，得出地球公转引起太阳的直射与斜射，而太阳直射与影子长短有关的结论；而在模拟实验环节，他对实验结果产生疑问，并建议重做一次实验，从而得出正确的结论；在发现规律环节，当其他同学对程同学小组的结论产生疑问时，程同学与同伴通过演示和解说，再现了他们的推理过程。由此可见，他们在学习结果方面实现了迁移与运用。

第二份观察记录中的观察对象是温嘉慧同学，选择的角度是"建构与反思"。通过观察与记录可以看出，在探究环节，当慧不认可同伴观点的时候，她独自重做了实验，并做了实验记录；而在发现规律环节，慧发现其他小组汇报的内容与自己不一致时，她有思考并试图找原因。虽然最终他们没有通过实验来找出原因，但他们发现了自己的实验结果有问题，可见进行了反思。所以在学习过程中，他们开展了建构与反思。

以上两份课堂观察记录通过对学生行为表现的分析，可以清楚地判断这两位学生在这堂课中学习已经真正发生，那么这堂课的教学设计我们就不需要做太多调整，最终达成了以"学"促"教"的目的。

2. 课堂观察，反观教

基于深度学习的课堂教学，教师一切的教学策略、教学手段最终的目标都是培育深度课堂，培养学生的深度学习能力。判断学生的学习是否真正发生，目的在于以学生的学来反观教师的教。

案例1："运动与摩擦力"

深度课堂观察记录（摘要）见表7。

表7

日期：2019年4月17日	学科：科学	听课教师：石建军	课题：运动与摩擦力
四（2）班	执教教师：黄忠博	观察对象（某生及其小组）：第1小组曾舸	

记录教师的教：	记录学生的学：
一、现象引入 雨天某学生摔跤	认真倾听。
二、探究 1.认识与体验摩擦力 2.测量摩擦力大小	独立思考： 同伴回答，舸举手补充：摔跤的原因是摩擦力变了。接着舸思考并用手体验摩擦力的存在。 质疑反思： 和同伴了解测量方法之后进行小组实验。舸测量，同伴记录实验结果。同伴质疑摩擦力大小为什么不一样？舸摇头后陷入思考。
3.摩擦力大小与接触面光滑程度的关系	验证反思： 与同伴交流后，舸发表观点：放在不同的物体上面，摩擦力不一样。小组设计实验，舸提出控制变量法，同伴赞同并接受建议。小组实验，合作测量，得出结果并进行分享交流。
三、总结规律	总结规律： 小组总结规律，舸做记录：接触面越光滑，摩擦力越小；接触面越粗糙，摩擦力越大。

点赞	学科深度 交往深度 √思维深度	点赞	本质与变式　　探究与协同 √建构与反思　　迁移与运用
课后议	曾舸同学对于同伴提出的问题提出了不确定的答案，为了验证答案是否正确，他们选择利用实验判断这个猜测的对错，最终发现了规律		

案例2："用水果电池点亮小灯泡"

深度课堂观察记录（摘要）见表8。

表8

日期：2019年4月10日	学科：科学	听课教师：庞瑜	课题：用水果电池点亮小灯泡
六（3）班	执教教师：胡杰慧	观察对象（第6组）：尹子健	

记录教师的教：	记录学生的学：
一、现象引入 怎样让小灯泡亮起来 二、探究发现规律 1.怎样连接电路让水果电池产生电 2.实验验证 3.水果电池产生电的原因 三、实践操作 用水果电池点亮小灯泡	健根据以前学习电路的知识表达了自己的想法。 产生分歧： 同伴认为将锌片和铜片直接插在柠檬上，连接万用表。但健认为将柠檬切成两半，一半接铜片，一半接锌片，同时连接万用表。同伴与健分别画出不同的连接电路图。 按照自己的电路图进行了电路连接，发现没有产生电，而同伴的想法来不及得到验证，时间就到了。 表达观点： 根据自己的生活经验发表观点：水果里的酸是产生电的原因，锌片和铜片起导电作用，把水果里的电聚集到小灯泡上，使其发光。 反思改进，达成任务： 根据前面的实验，将水果电池进行串联连接，发现小灯泡没有被点亮。同伴看了其他组的做法后给健提了建议，健参考了其他小组的做法，发现小灯泡的正负极接反了，马上重新连接电路，结果小灯泡亮起来了。
点赞	学科深度　　　交往深度 √思维深度	点赞	本质与变式　√探究与协同 建构与反思　　迁移与运用

课后议	在实验操作环节，健进行电路连接时一开始没有想到要形成闭合回路，所以没有电产生。但是他很聪明，他看到其他组的连接方法之后，马上重新连接电路，最终让小灯泡亮了起来

　　解析：案例1观察记录中的观察对象是曾舸同学，选择的角度是"建构与反思"。从观察与记录中可以看出，在探究环节中，舸同学首先通过联系生活思考与体验了摩擦力的存在；接着在测量摩擦力大小出现实验结果不一样的情况后，同伴有质疑、舸有思考，并经过交流决定用控制变量的实验来进行验证，最终得出正确的结论，在学习过程中开展了建构与反思。学生的学习在探究环节已经发生。反观教师探究环节的设计，在探究环节教师设计了三个任务：认识与体验摩擦力，测量摩擦力大小，探究摩擦力大小与接触面光滑程度的关系。这三个任务以摩擦力为线串起来，有梯度、有层次。教师的教学有策略：学生或联系生活进行体验，或运用材料进行实际测量，或进行实验猜想，或设计实验验证，不同的活动形式引领学生一步一步展开探究，最终使学生发现规律，可见教师的"教"是科学的、合理的。

　　案例2观察记录中的观察对象是尹子健同学，选择的角度是"探究与协同"。通过观察与记录可以看出，在探究"怎样连接电路让水果电池产生电"的环节，健同学与同伴产生了分歧，画出了两张不同的电路连接图，健按照自己的想法进行了验证，而没有接受同伴的建议，可见有探究但未协同；而在实验操作"用水果电池点亮小灯泡"环节，健一开始连接错误导致灯泡没有亮，但经过同伴借鉴其他组的做法并给予健正确的建议后，健接受建议并进行尝试，实验成功。在此过程中既有探究也有协同，可见学习已经真正发生。从这两个环节剖析教师的"教"，我们会发现健并不是一个不接受同学建议的学生，是什么原因导致"怎样连接电路让水果电池产生电"的环节健与同伴产生分歧，并在验证环节按自己的想法进行实验呢？如果学生产生想法后有一个交流达成共识的环节，那么验证环节就不会出现"健只按自己的连接方法进行实验，同伴的设想无法验证"的画面了。由此可见，教师在教学策略设计中存在问题——只让学生发散思考，没有进行讨论聚敛、达成共识的安排。因此，有教师建议做如下改变：在"怎样连接电路让水果电池产生电"环节，先让学生独立思考，再进行分组交流，达成共识后进行验证。以学生的"学"反观教师的"教"直切要点，对症下药，促进了下一次有效地"教"。

（二）探究记录

除了通过课堂观察判断学习是否真正发生以外，所有科学教师一直在思考：如何培养学生的探究技能？如何让科学素养看得见？纯粹的实验操作不代表学生的探究技能，传统的知识测试无法概括学生的科学素养。于是，教师们通过教学生做探究记录的方式来培养学生的探究技能，学生在课堂上学会了将探究的过程、方法或发现用文字记录下来，课外探究时加以应用。

案例1："小小设计师"课堂探究记录（见图7、图8）

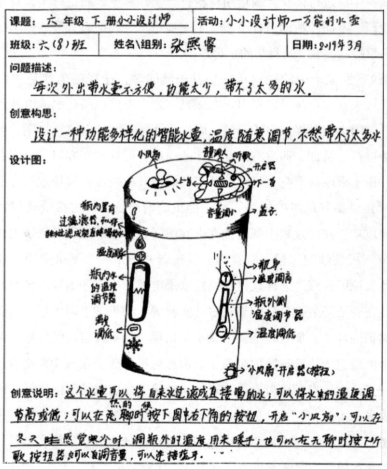

图7

科学"现象教学"探究卡

课题：六 年级 下 册 小小设计师		活动：创意水杯	
班级：六（四）班	姓名\组别：刘曦欣		日期：2019年 9月26日

问题描述：

可以方便携行。

创意构思：

把水杯做成软的，并分为两层。

设计图：

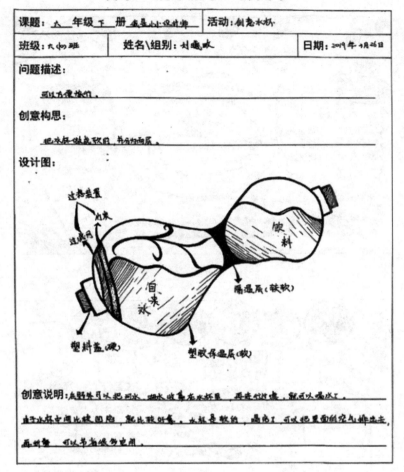

过热装置
冷水
过滤片
饮料
隔温层（较软）
自来水
塑料盖（硬）
塑胶保温层（软）

创意说明：在野外可以把河水、湖水收集在水杯里，再去们杯，就可以喝水了，
由于水杯中涮比较圆圆，就比较好看，水杯是软的，隔层了可以把里面的水与排出去，
再研整，可以节省很多空间。

图8

解析： 如图7、图8所示，根据六年级下册第二单元"小小设计师"，学生学习了设计师的设计流程和操作方法后，教师设计了这样一份课堂探究记录卡，探究卡分为四个部分：问题描述、创意构思、设计图、创意说明，引领学生按照设计师的工作流程记录探究过程，用文字和符号记录自己的创意与发明。展示分享学生的创意，不仅能有效培养学生的设计及创意思维，而且让学生习得了科学记录的方法。

案例2："蚕宝宝生长记"课后探究记录（见图9、图10）

图9

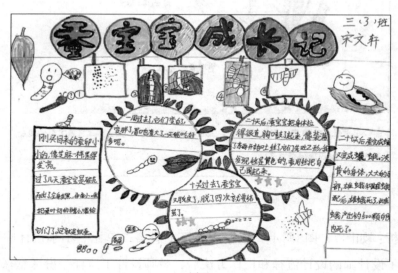

图10

　　解析：如图9、图10所示，三年级学生在学习了"蚕的一生""蚕变样了"后，了解了蚕的相关知识，教师组织学生买来蚕种，指导学生开展养蚕活动。以上是学生在课外养蚕所做的记录，虽然没有固定的表格，但学生会用文字、符号记录蚕不同时期的外形特点及一生的变化，将课堂学到的记录方法进行迁移与运用。两张课后探究卡不仅体现了学生科学严谨的态度，而且让科学素养看得见。

三、思想赋能，促进"场"的变革

（一）静下来

科学课堂，讨论、实验、制作、探究等环节大多是以小组合作的形式开展活动的，小组合作没有一定的规则和课堂常规的约定，学生就很容易"动"起来，而太热闹的课堂往往不利于学生积极用脑进行深刻思考，不利于培养学生的思维。正如佛语："灵台清静，静能生慧，慧能生智。"当课堂静下来之时恰恰是学生进行深度思考之机。如何让课堂静下来，科学现象教学从两个方面进行尝试。

1. 声控王，四级音量让课堂静下来

任何一节课都不可能让学生全程静下来，以教师"一言堂"的教学模式结束。学生需要交流、应答、质疑、展示、分享……所以让课堂"静"下来的最好方式是：该静下来时则静，该表达交流、展示分享时则选择适宜的音量。科学课堂参照曾宝俊老师的四级声控系统制定了科学"声控王"操作系统，如图11、表9所示。

图11

表9

科学"声控王"音量对应分类表	
音量级别	课堂环节或对应行为
零级声音	阅读思考　听课　同伴发言　独立设计　独立制作　做笔记
一级声音	同桌交流　问同伴问题　提示他人
二级声音	小组交流或讨论　小组实验　小组合作设计制作
三级声音	表达　应答　提出疑问　展示分享汇报　给他人建议

图11"我是声控王"对四级声音是什么，怎样的手势表示什么声音做了明确规定，让学生对音量控制有了清晰的了解；而表9对科学课堂上各个环节及行为对应什么音量进行了分类，让学生先在脑中形成意识，在课堂上对自己的行为进行有意识的调控，进而内化成一种常规的行为，养成好的课堂习惯，让课堂动中有静，静中有动，相得益彰，活而不乱。

2. 追问，让学生深层思考思辨

追问就是追根究底地查问，多次地问。此处的追问指教师围绕一个核心问题或观点，设计一系列的问题链，通过提问，引发学生进一步思考，让学生对问题或观点进行更深入的分析，使学生思维逐步深化的过程。

案例1："让纸张更结实"

师：孩子们，老师要在一（6）班开展跳长绳活动，可是我没找到长绳，却找到了这几种纸，你们认识吗？

生：报纸、打印纸、作业纸、美术纸。

师：观察得真仔细，这些纸能帮助老师吗？它们结实吗？如果让你选择一种来做纸绳，你会选哪一种？（教师出示四种纸张，让学生观察）

生：我会选择美术纸。

师：为什么？请说出你的理由。（追问1：挖掘学生的前概念）

生：因为它粗糙。

师：你用什么方法知道它粗糙呢？（追问2：让学生联系旧知，会用多种感官观察）

生：用眼睛看，用手摸。

师：哇！会同时用几种感官观察，了不起！除了美术纸，还有不同的选择吗？（追问3：激发学生的批判性思维）

生：我会选打印纸，它比较厚，还比较硬。

师：看来大家都有自己的想法，你们的猜测跟事实一样吗？那我们就来比较看看哪一种纸最结实。

案例2："制作小竹筏"

师：（各小组将小竹筏放到讲台上）我们应该挑什么样的小竹筏去冒险？

生：选那些牢固、平整的小竹筏。

师：如何测试？（追问1：唤起学生已学概念）

生：可以摔一摔，看看会不会有筷子掉出来。

师：可以摔，也可以用手轻轻上下摇动。我们先看看这艘小竹筏符不符合平整要求。（老师用力摔几下，没有筷子脱落，再用手摇一摇，筷子掉了）你们看到了什么？

生：筷子掉了。

师：为什么会这样？（追问2：让学生学会观察）

生：橡皮筋没有绑好。

师：那橡皮筋应该怎样绑筷子才更稳固呢？

生：要贴到筷子最里端。

生：橡皮筋应该尽量多转圈。

师：如果不贴到最里端，碰撞就容易导致筷子松动。根据刚才的测试方法，我们找到了这几个既平整又牢固的小竹筏。现在我们要下水测试了。将这个模型小人放上去，看看承重情况。为什么下水前先测试？（追问3：引发学生思考，了解工程技术的流程）

生：因为直接下水就失败了，就没得补救了。

师：你能联系实际来考虑问题。请看这几个小竹筏的情况。

生：进水了，沉了。

师：我们做的筷子小竹筏承重能力比较弱。如果是现实的小竹筏，竹子和筷子有什么区别？

生：竹子里面有空气，比筷子好。

师：现实的小竹筏，我们也可以利用今天的标准来制作。

解析： 案例1中，教师采用了多维对话的策略，教师提出的问题并无固定答案，而是通过追问引导学生对问题追根究底，以刺激学生的思维和交流。这种针对低年级学生的思维比较发散、思路不清晰、表达不完整的学情，通过有效的追问让学生迅速融入科学探究，成为一个探究者去发现问题、思考问题的方式有效地培养了学生的思维能力。

案例2中，当学生制作好竹筏准备下水测试时，教师先组织学生充分交流、讨论，通过追问给予必要的点拨指导，帮助学生制订合理有效的测试方案。这种逆向的教学方式让评价先于教学方式，让学生之间有了互相比较"做得怎么样"的标尺，不仅对学生探究起到了导向性的作用，而且让学生更有制作热情去参与挑战，还能通过追问拨正学生偏离的思维，激活学生思维的灵性。可见，有效的追问不仅能让学生进行更深层次的思考、思辨，促使学生的思维逐步深化，还可以让学生有效地进行知识的建构。

（二）科学课堂无边界

"无边界学习"概念是英国教育界首先提出的，是指利用所有学习平台，给学习者提供一个可以在任何地点、任何时间，使用身边任何可以获取的学习机会进行学习活动的学习环境。科学课堂无边界指的是在现行的教学体制下，基于校情，模糊边界、柔化边界，为学习者的学习提供更为开阔的平台和空间。基于深度学习实验的现象教学尝试突破学科、时间、空间等方面的界限，达成培养学生自主学习、自主探究，促进学生科学探究能力提升的目标。

1. 突破时间的壁垒，提升探究的高度

在实际的教学中，有一些探究在课堂上无法完成。为了让科学探究不因课堂铃声的结束而结束，让学生把科学探究的激情带到课后，利用课余时间继续进行实验与探究，培养学生科学探究的精神和持续学习的毅力，我们鼓励学生课后自主开展探究活动，把课堂上学到的知识与现实生活建立联系。

案例1："蚂蚁喜欢吃什么"

三年级黎丽娴同学学习了"蚂蚁长啥样"之后，对于蚂蚁喜欢吃什么的问题非常感兴趣，于是国庆假期跟爷爷一同去了动物园，抓了几只大蚂蚁，每天投喂不同的食物，如白菜、糖果、草莓、饼干……通过观察蚂蚁一天吃了多少，剩了多少，来分析蚂蚁喜欢吃什么，并做了详细的观察记录，如图12所示。

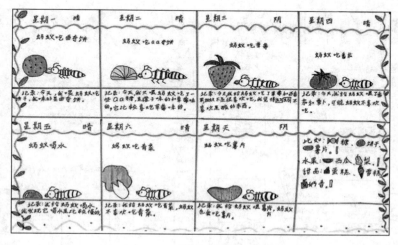

图12

案例2："制作降落伞"

在学校举行的降落伞留空实验比赛中，六年级彭宇石同学设计制作了14个降落伞，最后以留空1分26秒成为这个项目纪录的创造者。下面是他这次挑战后的感言："99次的失败并不妨碍第100次的成功。爱迪生造电灯泡实验也失败了上千次，但他最终成功了。在本次降落伞的制作中，我前后制作了14个降落伞。每一次制作后进行测试，我都会根据测试结果进行总结与反思，从问题中找答案，从生活中找灵感，从失败中找教训，一次次的实验试飞，一次次的重新制作，一次次的总结反思，发现问题，解决问题，不断尝试……如此循环反复，磨砺了我焦躁的性格，练就了我持之以恒的毅力。像科学家一样坚持不懈地实验，让我站在了科学达人的舞台上。如果降落伞有生命的话，那它在空中也一定很骄傲吧！"

案例3："制作酸奶"

五年级王睿棋、尹钰彤、黄斯睿、郑玥瑶同学在科学课上学习了"酸奶的秘密"后，决定尝试制作酸奶。于是，他们回家后两人分工合作，开始了自主探究，并写出了详细的实验报告。酸奶制作实验报告如图13（a）所示，稀稠度不同的奶制作酸奶研究报告如图13（b）所示。

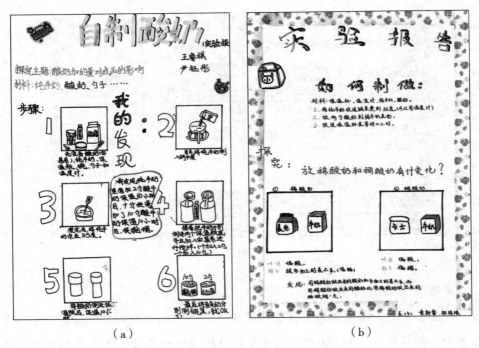

（a）　　　　　　　　　　　（b）

图13

解析：案例1中的黎同学竟然对蚂蚁进行了连续8天的观察；案例2中的彭宇石同学连续制作了14个不同的降落伞，共耗时95小时；而案例3中的4位同学为了制作美味的酸奶，一个周末进行了5次尝试。这种在科学课上学到的相关科学知识，回到家中继续带着高昂的探究激情进行自助探究的做法，让科学探究从课堂延续到课后，突破了时间壁垒，为学生自主探究打开了另一扇窗，引领着学生走向更为真实的生活世界。

2. 突破空间的壁垒，拓宽探究的广度

著名教育家陶行知主张：解放学生的空间，扩大学生的活动领域，不把学生局限在小小的课堂里，也不局限在学校中。同样的道理，科学探究不应只是局限在实验中、教室里，而应创造一切条件帮助学生突破空间的壁垒，让学生走出教室，走进校园，走进社区，走向社会，走向自然，让科学探究不受地域的局限。

案例1："校园植物"

刘丹阳同学在学习了四年级下册第一单元"校园植物"后，知道了植物根据茎的特征可以分为乔木、灌木、草本植物、藤本植物四大类。老师带着学生走出教室，走进校园，对校园植物进行观察。在观察过程中，学生发现校园的水池中也有植物，于是通过请教老师知道了植物有陆地植物和水生植物之分。回家后学生将观察到的植物进行分类，并制作了校园植物分类表，如图14所示。

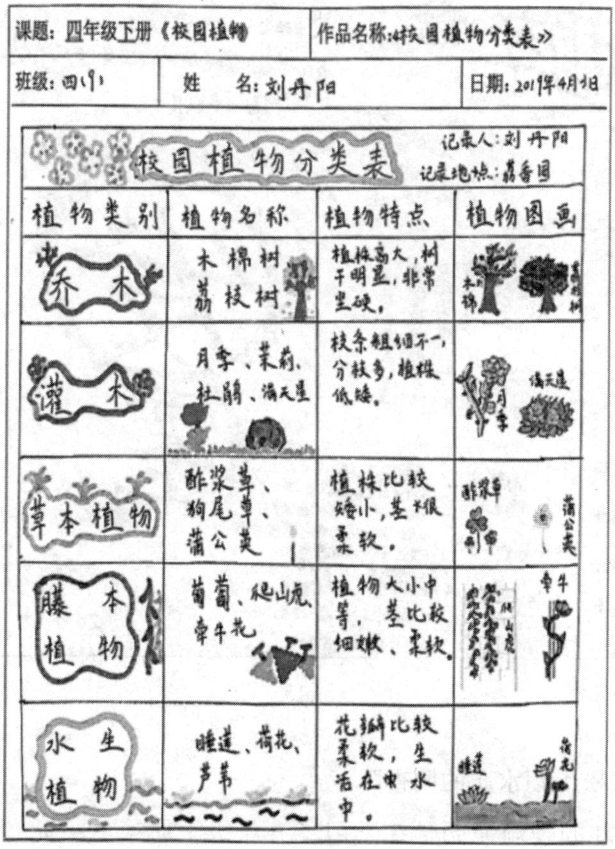

图14

案例2："发酵与发霉"

五年级刘俊杰同学在学习了五年级下册第一单元"发酵与发霉"后，对发酵与发霉产生了兴趣，回家后不仅亲手制作了酸奶，而且对霉菌生长环境进行了研究，详细记录了霉菌生长要素、适宜条件和繁殖情况，并写出了详细的研究报告，如图15所示。

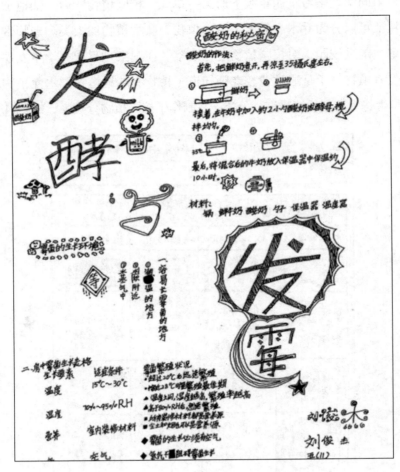

图15

案例3："松山湖水质的调查"

家住松山湖的杨雨霏同学在学习了五年级上册第三单元"水"，了解了水资源及水质知识后，对松山湖湖泊、河流接二连三地出现死鱼现象产生了疑问：湖中死鱼与松山湖的水质有关吗？于是约了几个同学对松山湖水库和附近湖泊进行实地勘察，并采集水样进行了检测与调查，写出了详细的调查报告。

松山湖水质的调查及建议

1. 调查人员

杨雨霏、何镇宇、余婉婕、许海雯、杨沁伟、韩子磊。

2. 调查理念

"科技共山水一色，新城与产业齐飞"的美好画卷是松山湖新城建设的主旋律，充分体现了融山、水、园为一体的生态理念。松山湖湖面景观是松山湖园区景观重要的组成部分之一，可是近年来，松山湖湖泊、河流接二连三地出现死鱼事件。松山湖的水质如何？我们对此充满了疑问。

3. 调查目的

通过到松山湖水库和湖泊进行实地勘察，采集水样，在环保部门的指导下，通过实验检查、采访调查等手段，了解松山湖园区的水质现状，了解有关水质及检验水质的知识和实验技能，提高分析问题和解决问题的能力。

4. 调查原理

（1）pH：表示溶液酸性或碱性程度的数值。pH是常用的水质指标之一，天然水的pH多在6~9的范围内；饮用水pH要求为6.5~8.5；某些工业用水的pH应保证在7.0~8.5的范围，否则将对金属设备和管道产生腐蚀。

（2）氨氮：水体中的营养素，可导致水富营养化现象产生，是水体中的主要耗氧污染物，对鱼类及某些水生生物有毒害。

（3）化学需氧量（COD）：废水、废水处理厂出水和受污染的水中能被强氧化剂氧化的物质（一般为有机物）的氧当量。在《地表水环境质量标准》（GB 3838—2002）中Ⅰ类和Ⅱ类水化学需氧量≤15，Ⅲ类水化学需氧量≤20，Ⅳ类水化学需氧量≤30，Ⅴ类水化学需氧量≤40。化学需氧量的数值越大，表明水体的污染情况越严重。

（4）生化需氧量（BOD5）：一般有机物都可以被微生物分解，但微生物分解水中的有机化合物时需要消耗氧，如果水中溶解的氧不足以供给微生物的需要，水体就会处于污染状态。BOD5值越高，水质越差，低于3毫克每升时，水质较好，纯水或近于纯水的BOD5值为1～3，BOD5值高于5则表明水的纯度可疑，大于10时表明水质很差。

（5）水中的悬浮物（SS）：指水样通过孔径为0.45微米的滤膜截留在滤膜上并于103～105℃烘干至恒重的固体物质，是衡量水体水质污染程度的重要指标之一。

5. 调查过程

（1）调查访问。我们经过对松山湖内居民的采访和问卷调查发现，人们对松山湖园区水质情况基本满意，但也意识到松山湖水质近年来有恶化的情况，对水质监测手段缺乏认识，如图16所示。

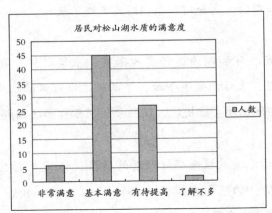

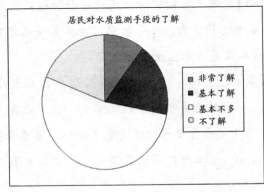

图16

（2）实地观察、水样采集。我们分别对松木山水库、金海湾、月山、松湖广场等松山湖内部四处地方的水质进行布点采样，利用嗅觉和视觉观测等方法，初步判断水是否有异味以及清澈程度，见表10。

表10

检测项目	松木山水库	月山	月荷湖	金多港
采样地点	检测值	检测值	检测值	检测值
pH	6.22	6.81	6.53	6.31
氨氮	0.08	9.16	0.08	5.82
COD	14	66	31	18
BOD5	4.2	16.5	8.7	4.5
SS	10	26	33	19

（3）实验检测，见表11。〔单位：毫克每升（pH及注明除外）〕

表11

地点	周边环境	颜色	气味	悬浮物
松木山水库	有苔藓，有钓鱼的旅客	无色	无味	清
月山	水从污水管排出，周围有较多植物，水面漂浮了很多生活垃圾	浅黄色	微臭味	微浊
月荷湖	环境优美、绿化合理，附近有生活区	浅黄色	微臭味	微浊
金多港	周围土壤中混着较多垃圾，水面上有一片泡沫，水从污水管中排出	浅黄色	微臭味	微浊

6.调查结果

从以上检测数据分析可得，松山湖园区内四个采样地点的水质情况并不十分理想。松木山水库水质五项指标较低，水质较好，经常规净化处理（如絮凝、沉淀、过滤、消毒等），其水质即可供生活饮用。

月山水质除了pH正常，其余四项指标均超标，水质很差，无使用功能。经调查，此处的水为工业污水，由于修路工程造成污水管破裂，污水流到月山河中。

月荷湖水质较浊，COD值较高，只能用于人体非直接接触的娱乐用水。

金多港水质氨氮超标，其余指标正常，初步认定为生活污水。

解析：案例1中刘丹阳同学对植物的观察不局限在一个小的空间里，而是充分地利用了校园植物种类繁多这一资源；案例2中刘俊杰同学则是借用家中厨房用具齐全、室内条件稳定这一条件在家里进行发酵与发霉的研究；案例3中的同学把目光投向社会，关注自然生态，结合书本中学到的知识对松山湖附近水域的水质进行了调查。这种走出教室，充分利用校园、家庭、社会资源开展科学探究的方法有效地突破了空间的限制，让学生的探究不再是实验室或教室里的纸上谈兵，而是与生活紧密联系的真实问题解决，有效地拓宽了学生科学探究的广度。

3. 突破学科的壁垒，挖掘思维的深度

基础教育课程改革纲要指出，要改变课程结构过于强调学科本位，科目过多和缺乏整合的现状，重视课程的开放性、综合性；提倡不同学科相互联系、相互补充和相互渗透，整合学科知识、实际生活以及学生个人经验，进行跨学科教学。而作为科学学科，以培养学生问题解决和创新思维为目标，则更需要以科学为中心，打破学科界限，融合各学科知识，有目的、有计划地进行教学设计和组织教学活动，以突破学科的壁垒，实现跨学科知识应用，让学生在运用知识解决问题的过程中进行更深入的思考与融合，挖掘思维的深度。根据粤教科技版小学科学教材的内容，以培养学生跨学科知识应用能力及问题解决能力为宗旨，可以根据教学内容与其他学科知识进行融合，培养学生跨学科知识应用能力。表12摘录了粤教版小学科学各年级部分课例。

表12

教材原课题	课例设计课题	学科融合
一年级 "让纸张更结实"	"用纸做'跳绳'"	科学：纸的特性。 语文：描述不同纸的特点。 工程技术：材料的选择、纸绳制作
二年级 "月相的变化"	"变化的月亮"	科学：月相变化规律。 美术：画月相图。 语文：想象、编月相儿歌

续 表

教材原课题	课例设计课题	学科融合
三年级 "花盆补水器"	"谁吸水更强" "自动浇水器"	科学：材料的吸水性。 数学：盆的容积、水量、补水天数计算。 美术：画出自动浇水器设计图。 工程技术：自动浇水器装置制作
四年级 "电与电路"	"给灯泡加上开关"	科学：开关控制电路。 美术：画出电路设计图。 工程技术：材料选择、电路组装
五年级 "过滤水"	"让一杯浊水变清"	科学：过滤的方法可以让浊水变清。 数学：材料用量、成本计算。 美术：画出过滤器设计图。 工程技术：选择材料、过滤装置组装
六年级 "生态瓶的秘密"	"设计制作生态瓶"	科学：鱼塘生态系统。 数学：瓶子容量、材料用量、成本计算。 美术：画出生态瓶设计图

　　以上课例都有一个真实而具体的任务，学生需要创造性地运用跨学科知识，结合实际生活和个人经验去解决，解决问题的过程就是学生思维发展的过程。深度学习与浅层学习的一个重要区别就在于是否能够将知识运用到新情境中解决问题。这种以问题解决为核心的课例有利于培养学生的问题意识、动手实践能力和科学素养。

现象教学的实施策略

反观今天展示的两节课例，它们都源于教材，又与原教材有所不同，这是不是现象教学的一大特点？你们是如何开展现象教学的？

——顾长明（江苏连云港小学科学教研员）

学校在推行现象教学时采取了五个策略：教材梳理与整合、备课与听课革命、课例摸索与普及、实验研修与教学、课堂融合与突破。

一、教材梳理与整合

我们从现象的真实性（创设真实情境与设计驱动性问题）、探究的有序性（建立探究任务与安排探究环节）、思维的深刻性（掌握探究方法与建构科学概念）三个视角对一至六年级的教材进行了梳理，选取部分适用"现象教学"的课例进行教学设计（见表1）。

表1

年级	整合前	整合后
一年级	"纸的吸水性"	"制作纸水杯"
	"观察橘子"	"制作小橘灯"
二年级	"月亮的变化"	"了解月相小秘密"
	"枫树与竹叶"	"这是谁的叶子"
三年级	"蚕宝宝变样了"	"蚕宝宝生长记"
	"水能溶解哪些物质"	"调制一杯饱和糖溶液"

年级	整合前	整合后
四年级	"控制灯泡的亮与灭"	"给电路装开关"
	"我们的小乐器"	"设计制作乐器"
五年级	"物质的燃烧"	"让火烧起来"
	"水去哪里了"	"怎样让衣服快速干"
六年级	"酸奶的秘密"	"制作可口的酸奶"
	"呼吸"	"你的肺活量有多大"

整合后的课例都有以下共同特点：更具驱动性、趣味性、生活化，融入工程与技术，指向学生复杂问题解决能力和高阶思维的培养。

二、备课与听课革命

传统的备课通常是写详细的教案，但事实上并不适用于所有的班级与学生，且耗费了大量的时间与精力。科学科组进行了一场备课革命——用学习单替代备课教案。学习单由现象引入、探究活动、问题解决三部分构成。其中，现象引入和探究活动指向学生的"学"，强调问题意识和学科的核心知识；通过三次整合凝练出核心问题，核心问题分解为问题串即探究活动，问题解决则将探究活动从课堂延伸到课外，突破时间、空间和学科三大壁垒。

如何断定学习是否真正发生？如何从学生的"学"反观教师的"教"？我们掀起了听课革命——课堂观察，将传统的听课改为深度课堂观察，主要内容有观察焦点及观察焦点课后议；重点内容是观察某一个学生及其小组，聚焦深度课堂四特征，观察其学习是否真正发生。听课革命从"看教师"转变为"看学生"，看学生怎样学，学得怎样；从"看场面"转变为"看焦点"，看焦点学生、焦点问题。课堂观察在学习内容方面，看学生是否把握了本质与变式；在学习过程方面，看学生是否展开了建构与反思；在学习方式方面，看学生是否亲历了探究与协同；在学习结果方面，看学生是否学会了迁移与运用。

三、课例摸索与普及

现象教学常态化实施离不开课堂教学实践，科学科组成立了现象教学研究工作坊，招募教有余力、学有兴趣的教师开展现象教学课例研究。近4年来，结合教材中的教学内容，我们开发了"纸的吸水性""控制灯泡的亮灭"等126节课例，打造出"让种子飞起来""让小车动起来""梁桥的秘密"等22节经典课例。同时，我们对这些课例进行提炼，探索出现象教学的五种基本课型，即探究规律课、设计作品课、单元整合课、方法联想课、学科综合课，构建现象教学范式，真正做到常态可用、常人可学。

四、实验研修与教学

"他山之石，可以攻玉"，为了进一步提高教师的实验技能与教学方法，科学科组进行了实验技能研修。基于教材系列的技能研修活动不仅提高了教师的实验技能，而且提升了课堂效果。在技能研修遇到问题时，大家就会自然而然地思考在课堂中遇到的问题——该怎样进行引导？也会将这些实验技能运用到实际教学中。

目前，实验技能研修正向实验教学研修方向发展，包括"藏在罐头里的秘密""水循环""自制温度计"等教材中的实验。实验教学研修让所有教师在实验教学中更得心应手，不会因课堂出现的问题而手忙脚乱。

五、课堂融合与突破

现象教学通过课堂融合与突破的策略实现课堂无边界。

首先，让探究从课堂延伸到课后，突破时间的壁垒。例如，三年级下册"种子发芽了"，简玲珊老师以"种子萌发时是先长根还是先长芽"点燃学生探究的欲望，引导学生持续观察一周，让科学探究不因铃声结束而结束。

其次，采取"请进来，走出去"的方式，突破空间的壁垒。我们邀请了许多科学家进校园开展讲座：陈贺能、潘习哲、徐德诗等科学家接踵而至，中国科学院专家李廷芥教授也来我校开展了"我与核试验"科普讲座；散裂中子原、华为、广东医学院、东莞理工学院的工匠们也来了，与大家一起分享科学研究的经历和故事。这些讲座点燃了学生学科学的热情，学生探究兴趣高涨，不仅在课堂上积极参与探究，还将这种探究的激情带回家中，许多学生利用课余时间继续观察、实验，如"校园里有什么小动物""制作太阳灶""探访万科研发中心"等，让家庭、社区、工厂、大自然成为广阔的科学教室。

最后，根据教学内容，注重加强学科之间的融合，突破学科的壁垒。三年级上册"观察蚂蚁"一课要求学生在观察时画蚂蚁，与美术学科进行了融合；三年级下册"种子发芽了"一课融合数学，以测量绿豆的高度、茎的粗细来记录种子的成长；"松山湖水质的调查"，学生在调查松山湖水质后给生态环境局写了一份建议书，与语文学科进行了融合。

课堂无边界有效地扩大了科学课堂的外延，激发了学生的科学志趣，提高了学生的科学素养。

现象教学的基本模式

课堂教学是现象教学常态化实施的主阵地，基于深度学习的现象教学研究与实践，着力通过教学结构化探索，构建现象教学模式。

现象教学大致由现象引入、探究活动、问题解决三个环节组成，以问题为主线，逐步培养学生提出问题的能力、收集和处理信息的能力、获取新知识的能力、分析问题和解决问题的能力以及交流与合作的能力等，发展学生的创造性、批判性思维和想象力。

一、现象引入——创设真实情境，凝练核心问题

现象引入指教师创设一个生活现象或者一种实验现象，由真实或有趣的现象引发一个或一连串的科学问题（核心问题），激发学生展开科学探究活动。现象引入有三个层次：激发学习兴趣、聚焦核心概念、指向高阶思维。

二、探究活动——分解核心问题，搭建探究支架

科学现象教学围绕核心问题进行分解，形成具有驱动性的问题串（任务串），引导学生开展有序探究。它既是学生学习的支架，也是学生思维发展的阶梯。

案例："往水中加点东西"

任务一：食盐在水中会如何变化？

（1）你认为食盐在水中会是怎样的？

请把你的想法以图文形式记录在表格中。

（2）将少量食盐加入水中，静置1分钟，它会如何变化？

小组合作观察，并记录你们的发现（颗粒大小的变化）。

（3）搅拌后，盐在水中会如何变化呢？

轻轻搅拌，观察记录食盐在水中的新变化（颗粒大小）（见表1）。

表1

少量食盐在水中状态	猜想	静置1分钟	搅拌后
我的发现：食盐在水中溶解（　　）不溶解（　　）。打"√"			

任务二：白糖、沙子和食用油都能在水中溶解吗？

（1）你认为白糖、沙子、食用油能在水中溶解吗？

（2）白糖、沙子、食用油在水中会如何变化？

将少量白糖、沙子和食用油分别放入水中，依次轻轻搅拌，观察现象并把结果记录下来，见表2。

表2

物质	白糖	沙子	食用油
猜想	溶解（　　） 不溶解（　　）	溶解（　　） 不溶解（　　）	溶解（　　） 不溶解（　　）
实验结果	溶解（　　） 不溶解（　　）	溶解（　　） 不溶解（　　）	溶解（　　） 不溶解（　　）

任务串之间有两种关系：并列式与进阶式。"食盐在水中会如何变化"与"白糖、沙子和食用油都能在水中溶解吗"这两个任务串属于并列式关系。

任务串下面要搭建学习支架，如探究活动的顺序、思维方法的指导、材料准备的思考、探究活动的记录、概念建构的追问等，帮助学生收集、处理信息和分析、解决问题。学习支架根据不同年龄学生的特征呈现方式有所不同：低年段学生以勾选、连线、画圈等简单的填写为主；中年段学生已经有了一定的书写、观察、归纳、概括能力，以图表、填空为主；高年段学生书写、观察、归纳、概括等学习能力较强，以表格与设计方案为主。

三、问题解决——解决核心问题，建构科学概念

科学概念的建立是认知完善的过程，是从认知冲突到认知统一的过程，认知冲突的统一来自自主思辨和反复修正。当学生对问题串进行深入探究之后，教师要组织学生进行分享交流、批判反思，解决核心问题、发现科学规律、建构科学概念。

案例："小黄鸭升降的秘密"

师：哪个小组想分享你们的实验结果？

生：①号瓶只能让鸭子降下去，不能让鸭子升起来。开始，我们用手捂住了②号瓶口，鸭子在下面；后来我们松手了，鸭子就升上来了。能成功使小黄鸭升上来的是②号瓶。

师：观察得很仔细，大家发现水平面和小黄鸭之间是什么关系了吗？

生：水平面在哪儿，小黄鸭就在哪儿。水平面上升，小黄鸭上升；水平面下降，小黄鸭下降。

师：那为什么①号瓶的小黄鸭升不起来？①号瓶内（指瓶子上方）有什么？

生1：①号瓶内有空气。

生2：空气在里面把它压下去了。

师：说得有道理，我们再看②号瓶，瓶子内的这部分（指）是什么？

生：也是空气。

师：是的，对比②号瓶前后空气和水有什么变化。

生：开始时，瓶内空气多，水少；结束时，瓶内空气少，水多。

师：②号瓶为什么空气会变少？

生：因为②号瓶是开口的，空气跑掉了。

师：空气从哪里跑到哪里去了？

生：从瓶子内跑到瓶子外了。

师：这说明空气占的空间由多变少，水平面就上升了。如果想控制水平面的升降，我们就要控制什么？

生：瓶子内空气的多少。

师：你们实在是太厉害了。因为瓶子内的空间是有限的，当空气占据的空间多时，水占据的空间就少；空气占据的空间少，水占据的空间就多。所以，想要控制小黄鸭的升降，关键在于控制瓶子内空气的多少。

在问题解决环节，教师要引导学生描述、分析实验结果，透过现象分析本质，注重学生科学地描述、科学地表达，让学生在解决核心问题的同时逐步构建科学概念，并推动他们科学思维的形成和发展。

现象教学的基本课型

由于各年级学生的年龄特征和知识水平不同，即使是同一类型的课，在面对不同的教学班时，不同学校的教师对课的处理方式也会不一样，导致课的结构有所不同。课型的分类因基点选择不同而有所区别：以教学任务为基点可分为新授课、练习课、复习课、评讲课等，以教学内容为基点可分为自然科学课、人文科学课、思维科学课、艺术科学课等，以课的教学组织形式和教学方法为基点可分为讲授课、讨论课、自学课、练习课、实践课等。本书以探究方式或教学目标为基点，将小学科学现象教学常态课分为以下五种课型：探究规律课、创造作品课、方法联想课、单元整合课、学科融合课。

一、探究规律课

探究学习教学的要点在于促进学生运用自己的智慧去发现和探索，让学生关注探究的过程及在探究过程中的所得。所有的学习都要促进学生的主动参与、乐于探究，通过积极主动的探究学习，获得知识、发展技能。在小学科学教学中实施科学探究式教学，就是在实践层面开展培养学生科学素养的过程，使学生在学习科学过程中既学习科学知识，也受到科学方法的训练，在两者的相互作用中理解科学。

（一）课型结构

现象引入—探究活动—发现规律—问题解决。

（二）课型特点

探究规律课旨在让学生通过探究活动，发现某一科学规律，即让学生围绕某一生活现象或实验现象所引发的问题展开探究，通过亲身实验、操作、推理，发现科学规律、建构科学概念、掌握科学方法、提升问题解决的能力。

（三）操作要点

1. 活化教材，凝练问题

以新授教材为基础，以关联教材为依托，以学情特点为起始，联系生活或实验现象，聚焦核心大概念，整合凝练出本节课的核心问题。现象引入要凸显现象的真实性，既充分调动学生探究的积极性，又激发学生的思维。

2. 精心设计问题，搭建学习支架

将学习任务分解为多个任务串，搭建结构化思维，引导学生开展有序的活动探究。任务串要聚焦教师的教和学生的学，凸显探究的有序性。小问题串搭建学习支架，多以问题的形式呈现，如探究活动的顺序、探究活动的记录、思维方法的指导、材料准备的思考、实验方案的设计、概念建构的追问等。学习支架根据不同年龄段学生的特征呈现记录方式有所不同：低年段学生以勾选与连线为主；中年段学生已经有了一定的书写、观察、归纳、概括能力，以图表式为主；高年段学生书写、观察、归纳、概括能力较强，探究活动记录为表格与设计方案。这样让学生在分层问题解决的过程中挖掘现象背后的科学规律，建构科学概念。

3. 运用规律解决问题，培养学生高阶思维

将所学的科学知识、概念（规律）迁移应用于解决生活中的实际问题，即运用习得的科学知识、概念（规律）解释生活（实验）现象。引导学生用学过的规律科学地解释有关的生产、生活现象，将所学的科学知识、科学方法迁移应用于解决生活中的实际问题，可以拉近学生生活与科学知识之间的距离，使学生真正感受到科学就在身边，体会科学的本质，极大地激发学生的学习兴趣，从而提升学生解决问题的能力，培养学生的高阶思维。例如，学习"磁铁的性质"，在建构磁铁有南北两极的概念时，学生发现了磁铁同极相互相斥、异极相互吸引的规律后简单地向学生介绍磁悬浮列车的原理，引导学生解释生活中用到磁铁的案例。

（四）经典课例

五年级上册第18课"水去哪儿了"（见表1）

表1

现象引入	**现象**：公园里许多老爷爷握着蘸水的大毛笔在地面上练着书法，真好看！过了一会儿这些"字"都消失了，水去哪儿了呢？ **现象来源**：生活现象。 **操作要点**：老师通过小视频展示公园老爷爷用水写字、字消失的情景，提出问题：水去哪儿了？
探究活动	**任务一：地面上的水为什么会消失？** 1. 你认为水去哪儿了呢？ 操作要点：引导学生结合生活经历，说说自己对水消失的猜想。个别学生能提到"蒸发"的概念，引导学生尝试说说对这一概念的理解或认识。 2. 水消失的原因是什么？如何用科学的语言来解释？ 操作要点：教师提供材料（一杯水和一根棉签），引导学生将棉签蘸水后轻轻划过桌面，仔细观察水渍的变化，最后小组讨论并分享观点。教师对学生的发言及时做出评价和指导，借助追问等方法引导学生用科学的语言来解释"蒸发"的概念。 3. 生活中还有哪些类似的现象呢？ 操作要点：引导学生在掌握了"蒸发"概念的基础上，主动联想、关注、回归一系列自然界中的蒸发现象，如各种水体的蒸发、土壤中水分的蒸发、植物的蒸腾作用等。 **任务二：如何让水消失得更快？** 1. 哪些因素会影响水蒸发的速度？ 操作要点：引导学生结合生活经验，思考让水快速蒸发的方法有哪些，从中提炼出影响水分蒸发速度的因素。

续 表

探究活动	2. 如何设计实验来验证你的猜想呢?
	操作要点:引导学生以小组为单位,根据自己的猜想,利用控制变量的探究方法,设计实验并开展探究,得出结论。教师及时做出评价和指导。

我们的实验设计

小组成员:

问题:

假设:

实验材料:

实验步骤:

实验记录:

实验现象		

实验结论: _____

我们的新问题: _____

3. 你设计的实验开展得如何? 有哪些收获?

操作要点:引导学生结合实验过程和结果做分享汇报。对失败的实验也可以做反思和改进的分享。教师及时评价,鼓励学生自评、互评。

解决问题	**迁移运用**:①蒸发是指水变成水蒸气散发到空气中,以气态水的形式存在。②影响蒸发快慢的因素有温度、水的面积、通风情况。
	思路反刍:探究实验如何设计? 采用了哪些探究方法?
	无边界:春季,广东地区容易出现湿度较高的"回南天",拖过的地面总是不容易干,你有哪些好方法可以让地面干得更快呢?

设计意图:本单元主要介绍自然界中的水资源和水循环,帮助学生认识水的三态变化所引起的自然现象。"水去哪儿了"是本单元第二节课,主要学习内容是认识、理解蒸发现象,知道影响蒸发速度的因素有哪些。学生将通过有意识设计的观察活动、实验设计、实验探究、分享交流等环节实现科学知识的自我建构和探究技能的培养。

1. 研读教材，巧设问题

教材采用"晾晒衣服"的生活情境作为引入，但为了增加课堂的趣味性和真实性，我引入了"地面的'字'消失"的真实情境，抓住了学生的眼球，快速进入课堂问题的中心——水去哪儿了？并把此大问题分解成两个问题串："地面上的水为什么会消失？"和"如何让水消失得更快？"围绕核心概念设计的两个问题难度由小到大、思维由低到高，学生顺着问题就能构建"蒸发"的科学概念，并能够顺利深挖影响蒸发速度的因素，实现环环相扣、层层递进的效果。

2. 搭建支架，建构概念

大部分学生知道水不见了是因为水变成水蒸气跑到空气中了，但是他们很少思考蒸发真正的变化过程，甚至也忽略了自然界中不明显的蒸发现象。针对这一学情，我在任务一中设计了三个有效的学习支架。

通过聆听学生课前的分享，我获知了学生的前概念，了解了学生的认知程度，能及时拨正学生一些错误的认识，更好地掌控课堂。教材设计了"观察湿报纸变干的活动"，让学生仔细观察蒸发的过程，构建蒸发的概念。考虑这样的活动用时较长，我改用"棉签蘸水写字"的观察活动，既省时又贴合了引入现象，还更直观地让学生看到水消失的全过程，再由此概念加深学生对自然界中蒸发现象的认识，也为后面的单元学习做铺垫。

3. 深入探究，归纳知识

学生不应只是学习科学概念，还要注重培养科学探究的能力。实验设计是科学探究的基础，控制变量也是现阶段常用到的高效的探究方法。在任务二中，学生主要进行实验设计和实验探究，为了不局限于教材，我有意识地让学生联系生活，探究自己感兴趣的问题，而不是盲目地解决别人的问题。

实验的成败对学生而言都是学习的过程，所以有成功的分享和知识的收获，也有失败的反思和改进的思考，这些都将使学生学习的收获最大化。

二、创造作品课

（一）课型解读

《义务教育小学科学课程标准（2017年版）》指出："人类观察自然、研究各种现象产生和变化的原因，从而产生了科学，科学的核心是发现；对科学加以巧妙运用以适应环境、改善生活而产生技术，技术的核心是发明；人类为实现自己的需要，对已有的物质材料和生活环境加以系统性的开发、生产、加工、建造等，这便是工程，工程的核心是建造。"依托科学知识开展的技术与工程活动是人类社会一项最基本的实践活动，具有重要的基础性作用，而多项工程实践则共同构成了社会前进的坚实步伐。基于这一指导思想，为了培养具备科学素养、适应社会未来发展、具备一定创新能力和实践能力的新时代学生，科学现象教学开展了创造作品课的课型研究。

创造作品课旨在让学生通过运用所学的科学知识、发现的科学规律，运用工程技术进行方案的设计、作品的构思、加工改造、评价反思、改进完善，从而创作作品，即让学生围绕现实生活中的某个问题，运用科学知识、设计思维、工程思想创作一个作品，解决问题的同时，掌握运用科学知识和方法解决生活问题的能力。

（二）课型特点

创造作品作为问题解决的最终目标，能有效地使学生在学习科学与技术的过程中真正做到动手和动脑相结合。小学生参与制作、欣赏作品，体验科学技术对个人生活和社会发展的影响，可以体会到"做"的成功和乐趣，并养成通过动手做解决问题的习惯。这对学生个人的科学兴趣的激发、自信心的确立、自尊和独立意识的建立也有着积极的促进作用。

（三）课型结构

现象引入—设计制作—测试改进—拓展应用。

（四）操作要点

1. 现象引入：凝练核心问题，明确探究任务

在技术与工程领域的学习中，我们强调科学技术对个人生活与社会发展的共同影响，所以课程的问题导向并非凭空想象，而要有所依据。教师作为课堂的主导者，在开展课程的前期需要对教材进行有效整合：全面、系统地分析教学内容的特点，明确内容之间的联系，挖掘内容的深度和广度，紧密联系生活实际，提炼出基于真实情境的核心问题。教师根据核心问题明确本节课创造作品的任务，精心设计有质量的问题串，引导学生围绕核心问题进行思考、组织讨论，最后确定任务并分工。

2. 设计制作：搭建探究支架，理论融入实践

教师在学习单中可设置操作提示、设计图等脚手架，引导学生利用已有的知识对作品进行设计。作品的创造是学科知识、技术与工程融合的过程。学生利用科学知识或原理，联系生活实际分析结构，发散思维，形成创意。在学生创造的过程中，教师要有意识地引导学生考虑作品存在的真实环境，关注用户的实际需求，关注材料的选择与应用，强调工具的合理使用和操作技能的提升。

3. 测试改进：记录整理分析，测试迭代更新

学生需要明白作品的创造不是一次性的过程，更需要反复测试与改进。教师在学习单中应设置记录测试结果的表格，培养学生记录数据的习惯，使学生形成对比实验的意识。教师要引导学生根据测试数据分析设计是否科学，材料的选择是否恰当，制作技术可否再提高，等等。学生要根据测试反馈对作品进行改进，反复测试，迭代更新，直至形成最终满意的作品。

4. 拓展应用：技能迁移应用，解决真实问题

教师要根据生活实际情境，引导学生发现问题，将本节课习得的设计制作技能迁移应用以解决实际问题，实现兴趣、内容、课堂的迁移。无边界教学要注重内容的选择，激起学生的探究兴趣，加强任务驱动性；鼓励学生关联其他学科知识来解决真实问题，锻炼学生的综合性思维。

（五）经典课例

一年级下册第6课"制作小竹筏"（见表2）

表2

现象引入	**现象**：在洗碗筷的过程中，筷子是浮还是沉？怎样利用木筷子设计制作一个小竹筏呢？ **现象来源**：生活现象。 操作要点：教师将木筷子放入水槽，引导学生观察筷子的浮沉。
探究活动	**任务一：如何利用木筷子设计小竹筏？** 1. 木筷子怎样连接成小竹筏？ 操作要点：指导一年级学生认识真实竹筏的材料，知道竹筏用竹材捆扎而成，是有溪水的山区和水乡的水上交通工具，引导学生观察竹材的连接方式。 2. 选择什么材料来设计小竹筏？ 操作要点：引导学生合理选择制作竹筏的材料，思考："制作一个竹筏需要多少根筷子？固定筷子需要用什么材料更好？设计的小竹筏是否美观？"从而设计一个合理的小竹筏。 设计者：_____ 作品名称：_____ 1. 选择材料 木筷子数量：长筷子_____根；短筷子_____根 固定材料：固体胶☐　　透明胶☐　　橡皮筋☐ 2. 设计图 3. 谁设计的小竹筏更好？ 操作要点：引导学生汇报，学会学习、质疑他人设计，教师及时评价、指导。 ↓

续 表

探究活动	**任务二：怎样制作一个结实、平整的小竹筏？** 1. 如何将木筷子连接成小竹筏？ 操作要点：观看微课，学习视频中的制作方法，引导学生了解橡皮筋有弹性的性质，追问："绕多少圈橡皮筋合适？" 2. 如何分工完成制作？ 操作要点：指引学生做好分工合作，制作小竹筏。 **任务三：怎样测试你制作的小竹筏呢？** 1. 可以对小竹筏的哪些性质进行测试？ 操作要点：培养学生设计作品的思路，即设计—制作—测试—改进，引导学生对竹筏的稳固性、平整性、美观性、漂浮性进行测试。 2. 比一比，谁的竹筏性能好？ 操作要点：引导学生测试小竹筏，进行记录，学会提出改进方案。 测试表如下所示

测试性能	测试结果			改进方案
稳固性	良好□	一般□	较差□	
平整性	良好□	一般□	较差□	
美观性	良好□	一般□	较差□	
漂浮能力	良好□	一般□	较差□	
承重能力	良好□	一般□	较差□	

问题解决	**迁移运用：** 小竹筏由_____组成。 **无边界：** 你的小竹筏能承受_____个硬币。怎样才能提高小竹筏的承重能力？ 操作要点：让学生制作出小竹筏，用硬币来测试其承载能力，还可以设置一个小竹筏承重大赛，激发学生改进小竹筏。

1. 联系学情，整合教材

"制作小竹筏"这一课是一年级下册的内容，属于技术与工程领域的学习内容，第一次整合以新授教材为基础：如何设计制作小竹筏？第二次整合以关联教材为依据：关联了前面一年级下册第5课"哪些物体是浮的"。第三次整合结合一年级学生的学情特点："学生有简单制作的动手能力，对小船有所了解，但是不会设计和选择材料来制作，并且制作后基本不会改进。" 经过三次整合产生核心问题："在洗碗筷的过程中，筷子是浮还是沉？你能利用木筷子设计制作一个小竹筏呢？"这节课聚焦核心概念，核心问题贯穿整节课。

2. 环环相扣，亲历创造

问题串呈进阶关系，培养学生"设计—制作—测试"的技术与工程思想。设计是创作的灵魂，虽然一年级学生的创作能力较弱，但此环节不可或缺，教师要初步引导学生选择材料、画设计图，教给学生设计的思想；测试是创造作品课迭代升级必不可少的环节，因此我强调了测试的环节，设计表格支架，帮助学生进行测试。

3. 兴趣迁移，思维迭代

无边界设置了激发学生兴趣的承重任务，学生通过实际的承重，可以更准确地知道作品的性质，通过提高作品的承重能力来培养学生迭代升级的思想。作品的不断改进也代表着学生思维和能力的不断进步，由此凸显低年段学生的高阶思维。

三、方法联想课

巴甫洛夫认为：一切教学都是各种联想的形式。

联想是由一种事物想到另一种相关事物的心理过程，是以已掌握的知识、方法为基础，有依据、有目的、有意识的思维活动，它是一种由此及彼的思维方法。联想的类型主要有接近联想、相似联想、对比联想和关系联想四种。

联想运用到实际教学中是指通过观察、分析研究对象或问题的特点，与已有的知识和经验建立联系，找出事物的共性。联想能突破思维定式，有效激发学生的学习兴趣，有助于学生自主探究科学规律。方法联想所带来的效益不仅可以促进学生思维能力的发展，也往往使学生闪耀出创造性思维的火花。

（一）课型特点

突出联想思维，注重产出导向是方法联想课最主要的特点。

学生日常学习的知识和方法是零散的、碎片化的，对小学生而言，他们难以自发地将零碎的知识整理成有结构的知识网络，方法联想课通过寻找规律、发现共性、分类整理等方式有效地帮助他们从知识点构建思维之网，教给学生整理、学习科学方法的路径，在教学中突出培养其联想的思维。

另外，许多传统课堂只重视输入，而忽视产出，产出是检验一堂课成效的关键。因此，方法联想课的最后一环设置了迁移运用环节，当堂检测学生能否掌握科学方法，是否具备迁移方法的能力，等等，能及时反馈课堂教学情况，便于教师调整教学策略。

（二）课型结构

方法联想课以联想为基础，一节课探究学习一个或一种科学方法，包括四个环节：以例说法—方法联想—方法畅想—方法迁移（见图1）。

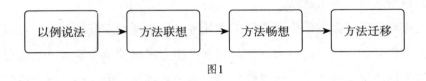

图1

环节一以例说法，即教师设置1～2个学生已学且相关的科学问题，唤醒他们对旧知识的记忆，刺激学生思考并快速投入课堂，教师再以该例引出科学方法。环节二方法联想，则是先引导学生从近期的教材中回顾、寻找用过此科学方法的内容，理解怎样使用这种科学方法及其作用。环节三方法畅想，基于联想的结果，跳回所有已学的知识或生活中，再次检索哪些知识运用到了这种科学方法。环节四方法迁移，设置有梯度的巧妙问题当堂检测学生的掌握程度与迁移能力。

（三）操作要点

操作时，教师需注意以下两点。

（1）梳理知识，凝聚方法。教师在课前要耐心梳理出相关知识点，将其整合，并发现其共性，提炼出相关科学方法，再基于科学方法设计有阶梯的问题串，在问题解决的过程中，帮助学生找出共性、发现方法、理解方法、总结方法。

（2）迁移方法，解决问题。教师务必重视迁移运用环节，在前面总结方法后，悉心设计一个比之前问题串难度稍高的问题，但是注意不能过于困难，否则学生会产生畏难情绪。在迁移知识的过程中，教师要促进学生方法的内化吸收和外显，包括对于方法的要领、方法的应用，能否运用方法解决真实问题。此时，教师应重点关注学生的表现，及时给予鼓励和支持。

（四）经典课例

课例一　"对比的妙用"

【教学对象】

此课适用于六年级学生。

【教学目标】

（1）了解对比实验的基本原则，懂得设计对比实验。

（2）懂得使用联想的学习方法来进行学习。

【教学重难点】

（1）教学重点：认识对比实验，知道对比实验的原则和使用方法。

（2）教学难点：联想关于对比实验的内容，运用对比实验的知识设计实验。

【教学流程】

1. 以例说法

例1：如何设计实验"向一杯热水和一杯常温水中分别放入质量相同的糖，谁溶解得更快？"

例2：如何设计实验"将一辆小车从水平面拉上5米高的平台，用长坡还是短坡搭建斜面更省力？"

（1）教师适时引导：有哪些实验条件？哪些实验条件相同？哪些实验条件不同？

（2）学生分享交流。

（3）教师小结：对比实验是一种常用的实验方法，对比实验的方法是进行单因素比较。要进行单因素比较，则必须设法控制其他可能有影响的因素，尽可能让这些因素完全相同。这是对比实验的基本要求和自始至终都要遵循的最重要的原则。

2. 方法联想

任务一：在六年级科学课本中，有哪些研究用到了对比实验的方法？

任务二：这些对比实验是怎样对比的？比较的单因素是什么？（见表3）

表3

对比实验	单因素

（1）两个任务一次性呈现，给学生5分钟时间，翻科学书并记录在学习单上，引导学生先进行独立思考，再与同伴协同学习。

（2）教师引导全班学生分享、交流、质疑。

（3）教师适时追问：对比实验需要对比什么？哪些属于对比实验？为什么？

（4）交流完成后，教师播放微课：介绍对比实验，认识对比实验的原则。

（5）教师小结：设计实验时，我们先找到实验的单因素，此单因素是这两个实验组的不同实验条件，除此之外，其他有影响的实验条件都必须保持相同。严格遵守以上实验条件，对比两个实验组的实验现象，根据实验结果进行分析。

3. 方法畅想

任务三：除了六年级上册书之外，你还知道哪些实验运用了对比实验的方法？

（1）给学生5分钟时间让其独立思考、与同伴交流。然后给学生机会进行全班畅说，鼓励补充与质疑。

（2）教师及时点拨与引导：此对比实验的单因素是什么？具体是怎样进行对比的？

（3）教师小结：我们用到的这个学习方法是联想，它是个好方法，在学习新旧知识的时候可以采用。

4. 方法迁移

任务四：我们要从棉绳、尼龙绳和塑料绳中选取一种绳子来做自动浇花器的引绳，该如何选择？

（1）给学生3分钟时间进行小组讨论，然后全班分享交流。

（2）教师适时追问：你打算设计几组对比实验？哪些实验条件需要保持一致？为什么？

（3）课堂总结：对比实验是指设置两个或两个以上的实验组，通过对结果的比较分析来探究各种因素与实验对象的关系，它是运用比较的方法来揭示事物的性质和变化规律的一种实验方法。

（4）课堂无边界：同时将冷水和热水放入冰箱，哪种更容易结冰？激发学生进行课后思考、设计、实验。

设计意图：教师在引导学生学习对比实验的科学方法时，应注重引导学生对比实验条件的不同、实验现象的不同、实验结果的不同，指导学生对比分析实验结果与实验条件变化的因果关系。此课适用于已有对比实验基础的中高段学生，在原有对比实验储备的基础上，通过方法联想课来搭建、巩固、丰富学生对对比实验的认识，为后续学生学习设计实验进行铺垫，培养学生的科学实验思维。

以例说法中的两个问题都是学生已学的、较为熟悉的问题，例1如何设计实验"向一杯热水和一杯常温水中分别放入质量相同的糖，谁溶解得更快？"是学生最开始接触对比实验时所接触到的印象深刻的溶解实验。例2如何设计实验"将一辆小车从水平面拉上5米高的平台，用长坡还是短坡搭建斜面更省力？"是他们刚刚学习完的单元，是学生非常熟悉的问题。以两个例子来开启对比实验课，给予学生自信心和满足感，点燃他们主动学习的热情。

学生的学习思维是有序的，因此教师在设计问题串时要遵循学生的思维方式。用方法联想设计的第一个例子是比较简单的任务：在学生本学期刚学的内容里找到对比实验的方法；再通过教师的引导与播放微课，学生熟悉对比实验的重要原则和使用方法。方法畅想则是升级的头脑风暴：联想除了本学期以外所知道的使用对比实验的方法，并能够说出它是怎样使用对比实验的，通过同伴的相互分享、补充和质疑，丰富学生的认知。设置阶梯式的问题，搭建学习支架，能更好地帮助学生将零散的对比实验知识整合归纳成有序的知识网络。

最后的方法迁移环节设置了实际生活化的问题，让学生运用所学的知识和技能提出实验方案，根据同伴和老师的建议不断进行优化与改进。这对于学生来说是有一定难度的，需要学生设计三组对比实验进行比较，这个过程中，教师也能及时发现学生掌握知识的情况。

课例二　"观察是个好方法"

【教学对象】

此课例适用于三年级学生。

【教学目标】

（1）了解观察的方式方法，懂得使用观察的方法进行科学研究。

（2）懂得使用联想的方法进行学习。

【教学重难点】

（1）教学重点：认识观察的方法，会使用观察进行研究。

（2）教学难点：联想关于观察的研究内容，会活用观察的方法。

【教学流程】

1. 以例说法

例1：你是怎么观察蚂蚁的？观察动物特征有哪些方法？

例2：你是怎么观察一株番茄的？观察植物特征有哪些方法？

2. 教师适时追问

观察有哪些步骤、方式？如何记录观察结果？

（1）学生回顾、交流。

（2）教师小结：从事科学研究活动离不开科学观察。科学观察是科学家们进行科学实践活动的基本形式和重要流程。

3. 方法联想

任务一：在三年级的科学课本中，有哪些研究用到了观察这个科学方法？这些研究都是怎样开展观察的？

任务二：观察的基本方法是什么？（见表4）

表4

研究问题	观察准备	观察过程	观察结果

观察的基本方法（用数字标出顺序）：____明确问题____实施观察____形成成果____制订计划。

（1）两个任务一次性呈现，5分钟时间，学生开展小组合作协同学习，把探究结果记录在学习单上。

（2）全班开展联想、分享。

（3）教师适时引导：观察的对象、工具、步骤、顺序等是什么？

（4）播放微课：开展科学观察的活动。

（5）教师小结：作为科学研究的一种基本方法，科学观察不是简单地用眼睛看、耳朵听、鼻子闻、用手摸。真正的科学观察应该有目的性和计划性，要确定观察的对象、观察的角度、观察的步骤、准备观察的工具、观察的方式等。观察的种类有很多，观察的对象不仅有动物、植物，还可能是一种物质、天文等；观察可能是短期的，也可能是长期的。

4. 方法畅想

任务三：除上述课本以外，你还知道哪些研究用到了观察这个科学方法？这些研究都是怎样开展观察的？

（1）给学生5分钟时间展开畅想，鼓励小组内部碰撞想法。

（2）全班畅说，鼓励学生补充和质疑。

（3）教师小结：科学观察要深刻、客观、全面、持续；要突破简单地看，形成深刻的思考；科学的观察活动不是随机观察，而是通过观察活动获得一定的证据，发现科学规律，并及时进行记录。

5. 方法迁移

任务四：蚯蚓有眼睛吗？蚯蚓有哪些身体结构？

（1）引导学生对研究的方法进行小组讨论（3分钟），完成观察计划。

（2）提供蚯蚓，小组合作，完成观察。

（3）全班分享交流，鼓励生生相互提出建议。

（4）课堂无边界：蚕的一生是如何变化的？你打算怎样开展观察活动？教师引导学生开展课后探究。

设计意图： 巴甫洛夫说过"观察，观察，再观察"。小学科学课堂的观察是对科学家的科学观察实践活动的模拟，是一种重要的科学方法。低年段学生主要以观察为主，观察是低年段学生最重要的科学方法和技能。"观察"是三年级最经典的一节方法联想课，学生在一、二年级通过观察不同的动物、植物和物体已经有了一定的观察经验，但是没有总结、整理的过程。通过本课方法联想的学习，学生会对观察这一方法有更全面的建构和迁移运用，也学会了总结归纳科学方法或技能，为后续高年段更高难度的科学学习做铺垫。

以例说法环节以学生熟悉的观察蚂蚁、观察番茄切入，恰到好处。蚂蚁属于鲜活的动物，番茄属于静态的植物。两种不同但又有共同之处的观察活动能唤起学生对于观察认识和了解的兴趣。基于学生的认知情况，教师引导学生回忆观察的步骤、方式，聚焦观察方法的学习。

任务四引导学生用任务一、二、三归纳好的观察基本方法，观察新的小动物——蚯蚓，强化科学概念，指向迁移运用能力。三年级学生具备一定的观察能力，可以口头描述很多具体的特征，但是他们归纳整理能力比较弱，很难用文字科学地整理出来。方法迁移环节设计了学习支架，出示"身体部分""特征"等关键词，降低学习难度，聚焦教学目标。

四、单元整合课

（一）课型由来

纵观小学科学课教学现状，缺乏对学科内在逻辑联系的整合，致使课堂教学目标模糊化，课堂教学内容零散化，课堂知识结构零碎化。《义务教育小学科学课程标准（2017年版）》指出：小学科学课程是一门综合性课程。《浙江省教育厅办公室关于促进义务教育课程整合的指导意见》（浙教办基〔2015〕79号）文件指出：课程整合实施是指课程内和课程间的教学目标、教学内容、教学方法的整合，也指课程实施过程中课内外的整合……学校应根据教学实际，从学科内的局部整合到学科间的主题整合再到全课程的统整，逐步推进。为了解决传统课容易出现的碎片化、零散化问题，我们开始了单元整合课的研究：围绕一个探究问题，让学生经历一次过程相对完整的、系统化的科学主题探究活动，培养学生综合运用所学知识、技能和思考方法解决问题的能力。

（二）课型特点

现象教学的单元整合课依托教材的单元主题，创设探究任务，将本单元的科学知识进行整合，放在课内完成，将单元主题进一步拓展与提升。

单元整合课的主要特点：第一，对单元知识概念进行分析整合，形成知识的链条。第二，以科学问题为主题统领教学，促进学生学习内容结构化、系统化，统整知识结构。第三，以知识应用、解决问题为目的，让学生善于将书本知识综合运用于生活实践中。

在小学科学教学中以单元整合方式来实施教学有其独特的优势，它能让学生站在更高的角度看待科学学习，在分解科学学习难度的同时，能让学生全面系统地掌握知识，有利于激起学生的探究欲望，并使学生逐步养成系统分析的良好习惯。因此，形成在教师引导下的以培养学生科学学习探究能力为主要特征的单元整合课，具有一定的实用价值和推广意义。

（三）实施流程

单元整合课以问题引入激发学生思维，以问题探究培养学生结构化思维，以问题解决培养学生高阶思维。

1. 创设情境，凝练问题

问题驱动的整合式教学有利于学生学科核心素养的发展，其整合设计精妙的真实学科问题、对单元内容起着统领作用的问题，围绕核心问题展开教学，能使单元内容聚焦大概念，具有单元内容的主线和"灵魂"，明确了内在的学科逻辑。

2. 活动探究，分层设计

根据学生的前概念、思维发展水平，设计具有一定的逻辑与联系，具有思维操作性的活动，具有难度和挑战性的分层设计，能最大限度地发挥问题的探究功能和导向作用，让学生积极参与到探究活动中。探究活动部分围绕核心问题设计任务串和小任务。问题串搭建了学习支架，问题串下的表格、提示等都是给学生搭建的学习支架。

3. 问题解决，应用深化

精妙、真实的科学问题源于真实情境，这类问题多是不良结构的，强调学生对知识与技能的迁移运用。学习单元需要使真实的问题情境贯穿其中，而不是教师虚构的或课本上理想化的情境。通过创设问题情境，学生经历解决问题的完整过程，进行深度学习。

根据单元整合课的主要特点，教师在备课、上课时需要注意以下两点。

（1）熟悉教材，巧用教参，对单元知识概念进行分析整合。

小学生对事物的认知思维往往是从简单的点、线开始的，其最终获取的认知经验也往往是零碎的，不成体系。其对事物的认识就如同"盲人摸象"——摸到什么就是什么，这些摸到的东西能否组合起来，组合起来究竟是什么，学生根本不会去思考。因此，教师应从整体出发，根据教学目标、教学方法以及学生学情等，对教学内容进行整合和重构。同时，许多教材以主题的形式整合多方面的教学内容，强化科学与技术、社会、环境的相互联系。教师教学用书对单元知识有详细的梳理，能帮助教师把握大概念，厘清知识的逻辑关系。

（2）设置真实的问题主线，统整知识结构。

没有真实问题的引领，单元只是教学内容另一种形式的内容堆砌而已。根据实际的情境，开展结构性的探究活动，可以避免相关学习内容的割裂、重叠交叉，照顾到内容的系统性，体现学科的内在逻辑和内容体系的完整性。通过长期的训练，学生能逐步养成统筹思维的思考方式，有利于其对事物进行更客观、准确的认识。

（四）经典课例

课例一　一年级下册第二单元"我的小船"

【单元背景】

本课是粤教版一年级下册第二单元"我来做小船"第7课"我的小船"，

第二单元围绕学生生活中常见物体的沉浮现象展开探究，通过学生对不同物体在水中的沉浮现象进行观察和分类，使其了解常见材料在水中的沉浮现象；同时，引导学生利用简单材料进行设计，完成制作小船的任务，从而引发学生探究物质世界的兴趣。本单元以探究"哪些物体是浮的"作为开始，以一年级学生喜爱的玩具为题材，引导学生观察身边更多的物体在水中的沉浮，认识不同的物体在水中的沉浮现象不同。"做个小竹筏"一课引导学生将竹筷子等能在水中浮起来的物体想办法直接连接起来，制成可以运送重物的小竹筏。

本课整合了第5课"哪些物体是浮的"里的沉浮现象和第6课小竹筏的工程制作方法。尽管已经对物体的沉浮有了初步了解，可是学生对于如何改变物体的沉浮状态不清楚——是产生认知冲突的地方，也不知道改变形状、重量等方法可以让水果、橡皮泥等物体浮起来。本课通过整合产生的核心问题——同样是橡皮泥，为什么有些沉，有些浮？怎样让物体浮起来？围绕"我的小船"的主题任务开展。根据物体的外部特征对物体进行简单分类，从而实现课程标准的要求，初步形成"物体具有一定的特征，材料具有一定的性能"的科学概念。

水中的物体结构图如图2所示。

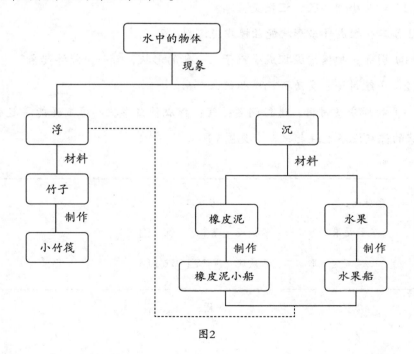

图2

【教学流程】

1. 创设情境，凝练问题

（1）现象引入：成块的橡皮泥放在水中会沉下去，那么捏成其他形状的橡皮泥可以在水中浮起来吗？

（2）学生猜想，分享交流。

2. 活动探究，分层设计

任务一：哪些物体是浮的？哪些是沉的？

（1）教师选择结构特别的一些材料，如不同材料的筷子，不同形状的橡皮，空心、实心的小球，让学生探究物体的沉浮情况（见表5）。

表5

水果	整个放入水中	你的方法
猕猴桃	沉↓□　浮↑□	沉↓□　浮↑□
火龙果	沉↓□　浮↑□	沉↓□　浮↑□

（2）学生小组实验，汇报交流。

任务二：捏成什么形状能让橡皮泥浮起来？

（1）引导：把橡皮泥捏成小鸭子、小船的形状，哪一个能浮起来？

（2）小组讨论、交流并把猜想记录下来。

（3）教师分发材料，进行问题探究：捏成什么形状的橡皮泥能浮起来？什么形状的橡皮泥不能浮起来？（见图3）

```
形状一：                  形状二：

实验结果  形状一：橡皮泥  浮↑□  沉↓□

          形状二：橡皮泥  浮↑□  沉↓□
```

图3

（4）小组合作动手尝试，把捏好的橡皮泥放入水中，观察、记录沉浮情况。

任务三：你可以使用哪些方法做水果船，让它浮起来呢？

（1）引导：把整个水果（猕猴桃/火龙果）放入水中，是沉、是浮？

（2）学生将水果分别加入水中，观察现象并记录其沉浮情况。

（3）教师分发材料，进行问题探究：你有办法让猕猴桃/火龙果浮起来吗？

我们小组认为＿＿＿＿＿＿＿的方法可以让水果浮起来。

（4）小组讨论做水果船的方法，动手操作，合作完成水果船，并放到水中，观察、记录现象。

（5）引导：你做的水果船与任务二中捏成的橡皮泥小船有什么共同的特点？

（6）小组讨论，对比水果船和橡皮泥小船，说出共同点。

3. 问题解决，应用深化

（1）迁移应用：

① 改变橡皮泥的＿＿＿＿，能使橡皮泥在水中浮起来。

② 在保持水果外形不变的情况下，通过把水果＿＿＿＿，改变水果＿＿＿＿，能使水果在水中浮起来。

（2）无边界：生活中还有哪些可以做成小船的水果？哪种水果效果最好？

设计意图：这个单元是"我来做小船"，这节课放在了本单元的最后，关联了内容一团橡皮泥放到水里是沉还是浮；整合了一年级下册第5课"哪些物体是浮的"里的沉浮现象，同时整合了第6课小竹筏的工程制作方法。学生已学过沉浮的概念，具有做小竹筏的实践经验，但是对于如何改变物体的沉浮状态不清楚——是产生认知冲突的地方，也不知道改变形状、重量等方法可以让水果、橡皮泥等物体浮起来。三次整合产生的核心问题——同样是橡皮泥，为什么有些沉，有些浮？怎样让物体浮起来？也就是我们课堂中的现象引入，属于实验现象引入，凸显了任务的驱动性。

本课核心问题分解成了问题串："①哪些物体是浮的？哪些是沉的？""②捏成什么形状能让橡皮泥浮起来？""③你可以使用哪些方法做水果船，让它浮起来呢？"问题①中设计了材质不同，形状不同，空心、实心结构性很强的材料让学生感受物体的沉浮，问题②③是让物体浮起来，可以改变物体的形状，还可以改变物体的内部结构，关联了小竹筏制造水果船。

问题串搭建了学习支架，问题串下的表格、提示等都是给学生搭建的学习支架。针对低年段学生的学情特点——写字不快、认字不多，第三个问题我使用了表格、画图、打钩记录实验结果等方式，更好地帮助学生对比分析，建构科学概念。

五年级下册第二单元"我的小桥"

【单元背景】

本课源自五年级下册第二单元"桥梁"的第15课"设计与制作：我的小桥"，本单元主要体现课标中与工程技术领域有关的内容。技术与工程领域的学习可以使学生有机会综合运用所学的各方面知识，体验科学技术对个人生活和社会发展的影响。梁桥、拱桥、悬索桥和桁架桥等几种桥梁的结构与承重研究可以体现"人们对科学加以巧妙运用以改善生活而产生技术"，设计制作桥梁模型的活动很好地体现了"工程的核心是建造"。

本单元结构上采用先总后分的模式。第9课"各式各样的桥"先总体介绍桥梁的作用和分类，引导学生关注与桥梁有关的问题，为下面的学习做铺垫。第10课"平直的梁桥"通过研究梁桥桥面的承重，让学生认识到厚度和结构都对桥面的承重能力有影响。第11课"弯弯的拱桥"通过研究拱形结构的承重特点来发现拱桥结构的科学性。第12课"专题探究：冬瓜拱的力量"抓住了石拱桥结构上的一个特点：拱圈的结构是由小块构件拼接而成的。第13课"长长的悬索桥"通过对比实验引导学生发现悬索的作用，并通过实例认识悬索桥跨度长的特点。第14课"框架式的桁架桥"先引导学生观察桁架桥的结构特点，再通过实验探究不同结构的框架稳定性的差异，从而理解桁架桥的特点是稳定。第15课"设计与制作：我的小桥"不仅对前面学习的几种桥梁进行科学的总结和应用，也让学生去体验工程建造的过程。本节课的核心是让学生学习、体验工程的设计流程，从而设计、制作一个小桥模型。本节课的设计特点体现为将工程设计的流程融入现象引入、小问题与课堂无边界，让学生经历完整的工程设计流程，制作小桥模型。

单元知识结构如图4所示。

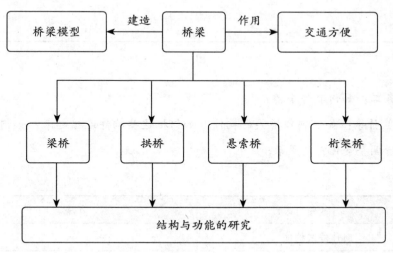

图4

【教学流程】

1. 创设情境，凝练问题

（1）现象引入：（教师出示图片）这是桥梁设计大赛中一些失败的作品（跨度没达到50厘米，承重能力在500克以下），为什么他们会失败呢？如何制作跨度50厘米，承重500克以上重物的桥？

（2）学生分享交流。

2. 活动探究，分层设计

任务一：如何设计一座桥？

（1）根据任务要求（跨度50厘米，承重500克），引导学生思考建什么类型的桥，运用哪些材料。

（2）小组讨论：设计一座桥需要考虑哪些问题？

（3）根据桥梁设计过程中需要注意的问题，引导学生设计一座小桥（见图5）。

小桥模型设计图：

图5

任务二：如何制作小桥？

（1）引导：如何制作桥梁的构件？如何把这些构件连接起来？如何对桥梁整体进行调整美化？（见表6）

表6

任务	方法
制作桥梁构件	
连接桥梁构件	
调整与美化桥梁	

（2）小组分工，制作小桥。

任务三：如何测试与改进小桥？

（1）引导学生根据评价表，展开汇报评价（见表7）。

表7

承重能力	承重500克以上	承重500克	承重500克以下	无法承重
	5分	3分	1分	0分
用途（是否变形，是否符合所设计的桥的结构要求）	稳固，结构符合预期要求	稳固，结构没达到预期要求	轻微不稳固，结构不符合预期要求	部件脱落
	5分	3分	1分	0分
跨度	50厘米以上	50厘米	45~49厘米	45厘米以下
	5分	3分	1分	0分

（2）学生汇报分析，提出建议。

3. 问题解决，应用深化

（1）思路反刍：如何制作小桥，需要哪些步骤？

（2）学生整理回顾。

（3）无边界：港珠澳大桥是一座复合型的大桥，你知道它有多少种桥梁结构吗？你能建一座这样的小桥模型吗？

设计意图：①聚焦失败现象，指向高阶思维：本节课的现象引入是一个失败的实验现象，学生做实验失败很常见，本节课一开始就以学生制桥的实验失败现象作为引入，让学生感到熟悉的同时，引发学生的认知冲突。学生已经对梁桥、拱桥、悬索桥有了一定的了解，为什么制作小桥模型还是失败呢？这个问题既激发了学生的探究欲，又聚焦本节课的核心任务。以失败现象让学生通过回顾过去所学的知识，分析与反思实验失败的原因，最终指向高阶思维，即设计与制作一座什么样的桥可以满足跨度50厘米，承重500克以上重物的要求。

②围绕核心，有序探究：小问题设置。如何制作跨度50厘米，承重500克以上重物的桥？这一问题指向的是让学生经历工程设计的流程，制作小桥，可是如何引导学生经历这个过程呢？我采用以探究活动顺序为指向的小问题进行引导，如："设计一座桥需要考虑哪些问题？""如何根据设计的要求设计一座桥？""制作小桥过程中需要注意什么问题？"这些小问题出现在探究活动不同的环节中，有序引导学生经历设计小桥、制作小桥、测评小桥、评价小桥、改进小桥的过程，让学生在有序的探究活动中，通过工程设计制作小桥，突出现象教学探究的有序性。

③引发认知矛盾，激发探究欲：课堂无边界的问题设置。港珠澳大桥有多少种桥梁结构和是否能设计港珠澳大桥的小桥模型，这两个问题是课堂内无法探究的。港珠澳大桥的复合型桥梁结构与学生所认识的单一型桥梁结构不同，能够引发学生的认知矛盾，同时激发学生的探究欲，让学生有兴趣进行课后探究。

五、学科融合课

学科融合课关注科学、技术、工程和数学等学科的交叉融合，以学科融合的教学方式让学生掌握知识和技能，并进行灵活的迁移运用，解决现实问题。学科融合本质是构建起认知与思维的新层面、新结构、新世界，具有沟通学科、发展思维、培养综合技能的教学价值。

实施学科融合教学，更多的是教给学生思维的方式与学习的方法。在跨学科融合学习过程中，教师需要引导学生从不同的视角或领域看待问题，并综合分析、判断评价，甚至是创新思考，以拓展学生思维的空间，增强学生思维的灵活性和创造性，同时提高学生对问题的纵深认识，提升学生思维的品质。

基于教学主题、生活主题、活动主题的多学科融合课要求多学科在教学过程中紧密相连，以融合的方式使学生掌握核心概念和操作技能。学科融合课让学生随时随地学习，学习内容更加丰富，学习机会更加均等，打破了学科界限，打破了时空界限。

（一）课型结构

项目分解—项目设计—项目实施—项目评价。

（二）课型特点

学科融合课，即围绕某一主题展开跨学科的项目式学习。其要点在于，以项目任务为驱动，让学生根据任务，通过跨学科知识的应用来解决问题。学科融合课也是微缩版项目式学习，它在不同学科和领域之间建立关联，包括学科特有的以及各学科通用的概念、方法与技能，培养学生综合解决问题的能力。教学过程中，教师要重视引导学生灵活运用各学科的知识，让学生经历项目分解、项目设计、项目实施及项目评价等一系列过程，强调以学生为中心，团队合作，采用多样化的方法解决问题，完成任务。

（三）操作要点

1. 活化教材内容，融合各科特点

在项目的设计上，从真实问题出发，考虑本校师生的实际特点，切忌大而空；将科学、美术、语文、数学、综合实践等学科有机融合到具体的活动任务中，让跨学科融合的理念落实到课堂中去。

2. 搭建学习支架，推进项目进程

教师在实施教学的过程中既需要保持对各个教学环节的控制、管理、帮助

和指导，又需要从课堂主角变为幕后导演，成为学生意义建构的帮助者、促进者。学生在解决问题的过程中采用的学习路径、遇到的困难不同，教师需要针对不同情况给予及时反馈和帮助，如提供学习资源、任务清单，指导学生开展独立探索或协作，调动学生参与的积极性。典型的支架包括：情境型支架，设置情境帮助学生进入学习；问题型支架，创设问题情境，激发思维；实验型支架，演示实验、学生实验、家庭实验；信息型支架，包括教师已有知识、网络知识、书本知识等；知识型支架，主要是提供评价和产生新的经验与信息的框架。

3. 小组合作学习，教师跟进指导

在项目实施过程中，采用小组合作的方式展开教学，将合作渗透到课程的多个环节中。学生需要共同交流讨论问题、方案细节和评估标准，合作完成工程流程设计、实验操作、数据检验、模型构建和改进等。教学过程中，教师应及时指导并获取学生信息，如学生的观察记录、日志、提问和班级展示。

4. 设置评价量规，关注问题解决

项目评价有形成性评价和终结性评价。形成性评价基于知识内容、技能发展、观察笔记和学生回忆。有些终结性评价在整个项目过程中延续开展，并在知识内容、技能发展和思维习惯方面对学生进行评估。项目评价千万不能只由教师从单一维度用分值呈现，应该由多方人员从多维度用质性评估，让教师、同伴、家长共同参与课程学习过程，共同评价课程。结果评价具有开放性，学生需要呈现设计与探究过程中的方案、细节、问题及解决方案，促进批判性思维和创造性思维的发展，从科学实验走向科学实践。

（四）经典项目

我为小鸟建个家

【项目简介】

2020年4月，科学老师路过学校的荔枝林，发现一只被雨水淋湿的小鸟闭着眼，瑟瑟发抖，生命垂危。之后科学老师经了解及查看现场发现，原来连续几天刮风下雨导致校园里几棵大树上的鸟窝被雨淋湿，鸟窝松散、破裂而导致

幼鸟从树上掉下来。如何减少类似事件的发生？如何让栖身在校园中的小鸟更好地生活？老师将此信息发至班级群中，同学们一致建议：为小鸟建一个安全舒适的家，为鸟儿提供休息、繁殖的场所。于是我们确定了制作人工鸟巢——"我为小鸟建个家"的项目活动。

【驱动问题】

围绕"我为小鸟建个家"专题，我们从科学的角度提出：设计的鸟巢为哪种类型的鸟服务？如何根据周边环境设计人工鸟巢外形和颜色？什么结构的鸟巢更牢固且便于悬挂？如何设计鸟巢使其更隐蔽？什么样的造型更适合遮风挡雨？选择什么样的材料制作鸟巢更环保？我们从技术的角度提出：如何选择合适的工具对材料进行加工与制作？设计绘制鸟巢设计图应该考虑哪些因素？我们从工程的角度提出：用什么样的方法收集所需的材料？设计的鸟巢是否便于制作？我们从数学的角度提出：人工鸟巢的大小怎样确定？鸟巢的开口多大才更合适？

【项目目标】

1. 科学

能分析鸟巢的特点与生活环境之间的联系，知道鸟儿会寻找合适的地方并利用周边的材料来营造巢穴；知道生活习性不同的鸟儿建造的鸟巢形状、构造、材料等特征也不同。

2. 数学

能够根据图形的不同特征进行简易组合，完成鸟巢外形构思；能够根据实际需要对鸟巢的各部分结构的空间大小进行计算与测量。

3. 综合实践

能够按照设计方案，根据材料的性能与用途选择合适的材料制作鸟巢；能针对制作过程中遇到的问题寻找解决办法、改进材料或调整制作工艺；鸟巢完成后能对其使用效果进行测试与记录。

【项目分解】

为了项目的顺利实施，我们将本项目分解成三个小任务（三个活动），每个活动目标明确，内容具体，有具体的实施要求及预期成果，见表8。

表8

学科	课题	课时	目标	预期成果
科学	鸟儿的巢穴	1	能收集鸟巢的资料，并从形状、构造、材料、筑巢点四个方面进行对比与分析，了解鸟巢的优点与不足	鸟巢特点对比表
科学	帮鸟儿建个家	1	从材料、外形构造、内部布置、制作工艺等方面考虑，设计并绘制出鸟巢设计图。选择合适的材料和工具，制作鸟巢，能合理处理制作过程中的问题	鸟巢设计方案、成品
综合实践	改进鸟巢	1	能根据校园环境，悬挂或固定鸟巢，并制作观察记录表，从是否有鸟栖居、是否牢固等方面进行测试与记录；能根据统计的数据进行分析，从而改良鸟巢	测试改进

【项目评价】

成果评价是根据成果（鸟巢）制作评价表，评价内容具体，评价标准简洁明了。人工鸟巢评价表见表9。

表9

评价内容	评价标准	分值（满分100分）	自我评分
外部构造	造型、颜色与环境相适应，具备防水功能，空间大小合适，牢固，能考虑悬挂或固定	30分	
内部设置	安全舒适，有通风采光设置，用干草、树叶或枯枝铺设，洞口大小合适	30分	
材料选择	选择的材料环保且易获取，成本低	20分	
制作工艺	制作精细，无明显缺陷	20分	

案例：

"鸟儿的巢穴"学习单（四年级下册第二单元）

现象引入	**现象**：图片中像葫芦一样的东西是什么呢？它们有什么作用？ **现象来源**：生活现象。 **操作要点**：教师将课本中导入部分的图片放给学生看，让学生说一说这是什么，并思考它们的作用。
探究活动	**任务一：鸟的巢穴有什么区别呢？** 1. 如何科学地观察鸟巢？ 操作要点：分小组讨论分享观察鸟巢的顺序，在分享过程中，教师对学生的回答进行整理，形成完整的探究任务。 2. 不同鸟巢的材料、结构、位置等有哪些特点？ 操作要点：分小组观察、记录、整理，派代表用科学的语言进行分享。 **任务二：动物为什么要营造巢穴？** 1. 选择三种你喜欢的动物，说一说它们的巢穴建造在哪里，有什么特点。 操作要点：让学生根据生活经验和已有知识，用科学的语言进行描述，学生可以小声讨论。 | 名称 | 筑巢地点 | 巢穴特点 | | | | | | | | | | | | | 2. 动物的巢穴有什么作用？巢穴与动物的生存有什么关系？ 操作要点：以小组为单位讨论，整理组内同学的意见并做记录，然后做分享汇报。

续 表

鸟的类型	发现地点	鸟巢外形	建巢材料
喜鹊	高大的树上	底部圆形	由许多小树枝组成
家燕	屋檐下	碗状	泥、枯草茎、草根，并以唾液为黏合剂
大拟啄木鸟	大树	凿于树干内，圆形或椭圆形	木材
凤头鸊鷉	有芦苇水草的湖泊	浮于水面上，圆台状	水生植物的叶或茎
织雀	吊于树木的枝梢上	长梨形	用细草、粗草、苔藓或叶柄等

探究活动

解决　迁移运用：①不同动物的巢穴在外形、材料、结构、位置上有明显的区别。②动物的巢穴可以作为它的庇护所，有躲避敌害、睡觉休息、繁殖后代、御寒取暖等作用。

"帮鸟儿建个家"学习单（四年级下册第二单元）

现象引入	现象：视频中的鸟儿发生了什么？我们如何帮助它？ 现象来源：生活现象。 操作要点：教师在上课前准备一个鸟儿因为冬天死亡的视频，在课堂上播放出来给学生看，让学生知道鸟儿死亡的原因，并想办法解决问题。
探究活动	**任务一：你见过的鸟巢有什么特点？** 1. 你见过什么样的鸟巢呢？ 操作要点：让学生分享自己见过的鸟巢。 2. 建鸟巢过程中，我们要考虑什么因素？ 操作要点：让学生对刚刚的分享过程进行总结，总结出在建鸟巢的过程中需要考虑形状、材料、结构、地点等因素。

探究活动	**任务二：你会怎样设计鸟巢呢？** 1. 鸟巢的设计方案应该包括哪些内容？ 操作要点：让学生分小组围绕主题进行讨论、记录、分享，教师适当引导出设计方案内必要的内容，学生可适当添加。 2. 你能设计出什么样的鸟巢呢？ 　　名称： 　　需要的材料： 　　设计图：
问题解决	**迁移运用**：不同生活习性的鸟儿的鸟巢形状等特征也不同。

"测试与改进鸟儿的家"学习单（四年级下册第二单元）

现象引入	**现象**：鸟巢制作好了，如何测试和改进呢？ **现象来源**：生活现象。 操作要点：教师展示一部分学生制作的鸟巢的成品，提出问题："如何测试与改进鸟儿的家？"
探究活动	**任务一：你能根据设计制作一个鸟巢吗？** 1. 如何制作鸟巢呢？ 操作要点：引导学生制作前写出制作步骤，对鸟巢的尺寸进行确定，再进行制作。 2. 制作过程中，我们要注意哪些因素？ 操作要点：引导学生从鸟巢的稳定性和牢固性等方面考虑。 ↓

续 表

探究活动	**任务二：根据你的设计制作出来的鸟巢还有什么需要改进的地方？** 1. 你制作的鸟巢成功了吗？有哪些需要改进的地方？ 操作要点：让学生分小组进行观察、讨论、记录、分享，引导学生从造型、颜色与环境相适应，具备防水功能，空间大小合适，牢固等方面思考。 2. 怎样放置制作好的鸟巢？应考虑哪些因素？ 操作要点：先让学生进行思考，小声地在组内讨论，再让学生以小组为单位进行汇报分享。教师适当引导，总结出要考虑隐蔽性、安全性、避光性、合理性等因素。
问题解决	**迁移运用：**不同生活习性的鸟儿的鸟巢形状等特征也不同。 **无边界：**课后观察自己的鸟巢，是否有鸟儿进去？如何改进才能让鸟儿更喜欢？

【项目评析】

"动物的巢穴"和"帮鸟儿建个家"两节课的一般教学流程都是让学生通过收集各种各样的鸟巢，观察其特点；然后了解几种动物的巢穴建造的地点，从而明白动物们常会在栖息地寻找合适的地方来营造巢穴和利用找到的材料来搭建巢穴；最后让学生找来材料，制作鸟巢。而项目式学习是一套系统的教学方法，它是对复杂、真实问题的探究过程，也是精心设计项目作品、规划和实施项目任务的过程。本项目学生制作鸟巢源于现实生活中的真实问题——鸟巢破裂导致校园里幼鸟从树上掉下来。学生围绕这个真实而具有挑战意义的任务，通过跨学科知识应用及动手实践来达成任务目标。在这个过程中，学生通过探究能够学到科学的探究方法，提升动手实践能力，建构科学概念；不仅能够掌握所学的知识和技能，而且能更好地培养问题求解、决策、批判性思维以及创造性思维等高阶思维能力。

"我为小鸟建个家"项目实施，学生围绕问题进行思考与分析，想出各种方案与假设，选择最优的解决问题的办法，并进行大胆的实践，才能达成任务目标。它是学生在进行实际情况的调查和大量资料收集与分析的基础上，通过发现和掌握鸟类建巢的规律，对鸟巢进行创意设计与制作的过程。学生一步步完成任务的过程是解决问题的过程，也是思维活跃、提升的过程，更是掌握问题解决途径与方法的过程，是学生从"学会"走向"会学"的迈步与跨越。

第三章

教学实践

"密信的游戏"教学实录与反思

一、教材分析

"密信的游戏"是《科学》四年级下册第21课"变色游戏"的第二课时。本课围绕颜色变化，从切开的苹果会变色这一常见的生活现象引入，以游戏的形式，引导学生认识物体在一定条件下会发生变色现象，多数变色也是一种不可逆的变化过程。本课是在学生了解苹果切开后会变成褐色是因为它与空气中的氧发生作用生成了一种新的物质，这种变化是不可逆的基础上进行的一个变色游戏：用牛奶写的隐形字遇热会显现出来。本课还让学生自行探索与研究其他植物汁液如柠檬汁、苹果汁、梨汁、洋葱汁、蒜汁等写的隐形字遇热也会显现出来。这些生动有趣的活动极大地激发了学生学习的兴趣，使学生充分感觉到这些物质间发生的变化是神奇的、各种各样的，有些是不可逆的变化。拓展活动让学生进一步去探究各种汁液遇热会显现的原因。

二、教学目标

科学探究目标：①能按照图示进行正确操作，完成变色游戏。②能通过实验找出一种可以用作隐形墨水的植物汁液。

科学知识目标：认识物体变色的现象，能用自己的话解释变色游戏的原理，体会到有些物质的变化会生成新物质。

情感态度与价值观目标：能与其他同学合作进行研究，愿意交流自己的研究结果。

科学、技术、社会、环境目标：能举出两个以上的实例，说明生活中常见的其他变色现象。

教学重点：指导学生认识物体变色的现象，能辨别物质的变化是否会产生新的物质。

教学难点：通过趣味活动，指导学生探索神秘现象背后的科学道理。

教学准备：A4纸、火柴、蜡烛、三脚架、棉签、牛奶、苹果、梨、柠檬、橙子、洋葱、葱、蒜。

三、课堂实录

（一）导入新课

师：上课之前，老师先给大家讲一个故事好吗？

师：1895年12月，列宁被捕了，被关在彼得堡的监狱里。列宁在这所监狱里被监禁了14个月。列宁被关在一间狭小又肮脏的单人牢房，里面黑洞洞的，只有高处一个小小的窗口可以透进一点微弱的光。地上放有一张铁床，还有一张桌子和一把椅子。此外，就再也没有别的什么东西了。有的人处在这样的环境中可能会整天愁闷和痛苦，可是列宁却整天在工作。列宁决定写一本书。怎么办呢？监狱里只准看书不准写书，而且写书也没有纸张，没有铅笔，更没有钢笔和墨水——什么都没有！有一天，他正站在那里思索这件事，家里人送书来了。他把书本拿到手里，突然想到：就在这本书上写，不是很好吗？！但是他又想：不行！监狱里规定在还书给家人的时候要做详细的检查，如果发现书里有字，就要把书烧掉，这不就等于没有写吗？想着，想着，他一下想出了办法……

师：你知道列宁想出什么办法了吗？

生：用柠檬汁来写。

生：用苹果汁来写。

生：用梨汁来写。

生：用牛奶来写字，然后用火烤。

师：列宁到底用的是什么办法呢？用牛奶写！因为牛奶写在书上什么也看不出来，当你要读它的时候，把书往灯上或者蜡烛上一烤，那用牛奶写的字就呈现出了茶色，所写的文章也就清楚了。

（二）探究活动：写密信

师：你信不信，想不想试一试？

师：你觉得在做这个非常有趣的实验时，要注意什么问题？

生：打火机、蜡烛用完要吹灭。

生：纸在蜡烛上烤时，不要靠得太近，以免着火。

生：蘸牛奶不要蘸得太多。

师：万一纸着火了，也不要慌，不要乱扔，放在地上一踩就可以了。

师：实验时要注意分工与合作，注意观察现象。

生：学生实验：用牛奶写密信。

（教师巡视）

师：下面请大家汇报一下：你们小组实验成功了吗？你们有什么发现？

生：我们小组实验成功了，我们还发现牛奶用火烤后会变色，变成棕色。

生：我们小组实验成功了，我们还发现牛奶用火烤后会冒烟，冒白色的烟。

生：我们小组实验成功了，我们还发现牛奶用火烤后会发出一股香味，烤焦的牛奶香。

生：我们小组实验失败了，因为我们的纸离火苗太近，但是我们总结发现，要牛奶写的字显出来，在烤的时候要让它均匀受热，这样效果才好。

师：除了用牛奶外，你觉得还可以用什么东西来写密信呢？

生：柠檬汁。

生：橙汁。

生：苹果汁。

生：洋葱汁。

生：梨汁。

生：葱汁。

生：蒜汁。

师：同学们的猜想是否正确，还需要实验进行验证。今天老师为大家准备了各种植物的汁液（柠檬汁、橙汁、苹果汁、洋葱汁、梨汁、葱汁、蒜汁），请选择你喜欢的汁液做密信游戏。

生：学生探究实验：液汁密信游戏。

[教师巡视指导，学生填写实验记录（见表1）]

表1

植物的汁液	柠檬汁	橙汁	苹果汁	洋葱汁	梨汁	葱汁	蒜汁
可否写密信							
（猜想）							
可否写密信							
（实验验证）							

（三）汇报结果

生：我们用橙汁、苹果汁、梨汁、蒜汁做隐形墨水来写密信，效果较好的是蒜汁。

生：我们用橙汁、苹果汁、梨汁、葱汁做隐形墨水来写密信，效果较好的是葱汁。

生：我们用橙汁、苹果汁、洋葱汁、梨汁、蒜汁做隐形墨水来写密信，效果较好的是橙汁。

生：我们用柠檬汁、橙汁、苹果汁、梨汁做隐形墨水来写密信，效果较好的是柠檬汁。

师：在实验过程中你还有什么发现？

生：同样用火烤，葱汁、蒜汁显现比较快，橙汁、苹果汁、梨汁显现比较慢。

生：各种汁写在纸上，用火一烤都变成茶色。

生：纸烤久了也变成茶色，但是时间比较长。

生：各种汁液写在纸上用火烤，会发出不同的香味。

师：为什么可以用柠檬汁、橙汁、苹果汁、洋葱汁、梨汁、葱汁、蒜汁、来写密信呢？

师：这个问题老师也不知道，怎么办？请教网络教师，上网查找。

师：柠檬汁、橙汁、苹果汁、洋葱汁、梨汁、葱汁、蒜汁能使纸发生化学变化，形成一种类似透明薄膜的物质，这种物质的燃点比较低，只要往火上一烘烤，它就烧焦了，会显现出棕色的字迹来，所以可以用来写密信。

四、教学反思

（一）教学过程和细节

从总体上看，本课基本达成了教学目的，实现了教学的基本意图。先通过故事的导入，激发学生学习的兴趣；再通过验证实验，证明了用牛奶可以写密信；然后，让学生猜想还可以用什么植物的汁液来写密信，并进行验证；最后设疑讨论——用牛奶和植物的汁液在纸上写字，用火烤为什么会变成棕色？使学生心甘情愿地进入角色，主动地进行探究学习活动。整个环节的处理体现了不同的教学意图。例如，牛奶实验活动体现了对学生实验技能的培养；猜想活动意在培养学生的分析判断能力；植物汁液的实验让学生体验了实验探究的魅力；"用牛奶和植物的汁液在纸上写字，用火烤为什么会变成棕色"则是对本堂课知识的应用和提升。同时通过反思，我们也发现一些不足之处，如：课堂时间的调配还有待加强；内容拓展不深；课堂学生反应热烈，但是真正潜心思考、研究发现不够；等等。

（二）教学方法与效果

本课在教学过程中比较注重引导学生进行探究性学习，引导学生观察、发现问题。但是，仍存在两个问题：①对学生指导太多，引导不够。例如，牛奶能否用来写密信，如何验证，可以充分让学生来设计实验器材、实验步骤。②对于学生的发现，没有及时给予恰当的评价。例如，在学生汇报牛奶实验时，他们发现牛奶用火烤后会变色，变成棕色；牛奶用火烤后会冒烟，冒白色的烟；牛奶用火烤后会发出一股香味，烤焦的牛奶香。还有一个小组实验虽然失败了，但是他们找出了失败的原因，还发现，要牛奶写的字显出来，在烤的时候要让它均匀受热效果才好。这些发现在成人眼里没什么，但在学生的眼中，却是了不起的，教师没能及时进行肯定与鼓励。

（三）教学内容与拓展

牛奶及植物的汁液用火烤会变色的原因有点硬塞给学生的感觉。如果对这一知识点这样处理应该会更好：在学生汇报完他们的发现后，进一步提问——你们有没有什么问题？引导学生思索牛奶及植物的汁液用火烤为什么会变色，还有哪些液体可以用来写密信，还有没有别的方法让牛奶及植物的汁液变色，等等，使教学内容得到进一步拓展。对于这些问题，在本课不予解答，让学生带着这些问题下课，让他们课后继续探究，使教学活动得到延伸。

"种子的传播"教学实录与评析

一、教材分析

本课内容源自粤教版教材五年级上册第二单元第2课。我结合以往的教学经验和学生实际，对原书本的教学活动进行了重新整合和创新编排，以让学生制作传播更远的种子模型为核心任务开展探究，让学生通过设计、制作、分享、交流，发现种子在自然界中的传播规律。

二、教学实录

（一）创设情境，导入新课

师：同学们，昨天老师给大家推送了微课，大家都看了吗？现在我们回顾一下微课的精彩部分。

师：是谁把种子种在茫茫的沙漠里、陡峭的石壁中、高高的屋顶上的呢？

生：我认为是风把它们吹上去的。

生：有可能是在太阳暴晒的情况下，植物里面的种子弹射出来而种下的。

生：我觉得可能是种子黏在小鸟的羽毛上，小鸟飞到哪里，种子就落到哪里。

生：有些种子可能被水流从上游带到了下游。

师：从你们的回答中可以看出，大家通过微课的学习效果很明显，已经知道种子可以借助风力、鸟、自身弹力或者水力来传播。这节课我们就来学习"种子的传播"。

教学意图：以种子在沙漠里、石壁上、屋顶上等不同环境中的生长为例，激发学生的好奇心和求知欲。学生尝试结合自己的生活经验和认知回答与猜测；教师适当引导和点评，快速罗列出本课要点：种子的传播方式。

（二）任务驱动，初步设计

演示：种子成熟，自由下落。

师：假如我手上拿的是一颗植物的种子，成熟了，它能传到很远的地方吗？（显然不能）那你能不能想个办法帮助它传播到远方呢？或者我们能否给它增加一个结构，让它借助某一种方式传播到远方？讨论2分钟，开始。

（学生讨论，教师巡视指导）

师：时间到。哪个小组的同学说一说，你们打算给这个种子增加一个什么样的结构，让它借助什么方式传播到什么地方？

生：我们组经过讨论，想在植物的种子上增加钩子，这个钩子可以钩住动物的皮毛，然后借助动物把种子传播到远方。

生：我们小组想给种子增加一个降落伞，让它可以借助风的力量飘到很远的地方。

生：我们小组想在它外面罩一个气泡，让它借助水流的力量流到远方。

师：很有创意，把掌声送给这个小组。

教学意图：基于前面总结的种子传播的方式，组织学生初步讨论如何将一粒种子传播到远方。通过实际例子，再次回顾种子传播的方式。

（三）基于材料，设计模型

师：同学们的想法都很有创意，我们能不能利用身边的材料，把刚才的设想制作出来呢？老师给大家准备了以下材料——棉絮、气球、棉线、桌布、塑料膜、魔术贴、橡皮泥、双面胶，看大家是否能够用得上？请大家把设计图采用图文结合的方式填写在科学实践报告单上，活动时间为5分钟，设计完毕请拍照上传。

（学生设计，教师巡视指导）

师：有请第2小组的同学来跟大家分享一下你们的设计。

生：经过小组讨论，我们认为可以用钩子钩住种子让动物带去远方。我们用了三种材料：第一种是种子的模型，第二种是双面胶，第三种是魔术贴。我们先把种子模型放在弯曲的魔术贴中间，再用双面胶把种子模型和魔术贴粘在一起，当这个种子模型跟魔术贴的钩子钩在了动物身上，动物就可以带着种子去远方了。我的解说完毕，请大家给我们提出建议和意见，谢谢！

生：我觉得你可以在旁边的空白位置画一个更大的模型，让大家更好地知道你是如何设计的。

生：谢谢你的建议，我们会继续修改设计图。

生：这个模型只有一面有钩子，那万一动物从另一面走过怎么办呢？那就钩不住了呀。

生：谢谢你的提议，我们会再次讨论修改的。

师：掌声送给第2小组。下面有请第3小组的同学进行分享，掌声欢迎。

生：通过讨论，我们想利用水力来帮助种子传播到远方。我们需要的材料是气球、种子模型，还有水。先把气球吹大，然后把种子塞进去，最后利用水帮忙传播，这就是我们小组设计的模型，请大家给我们提意见，谢谢！

生：我觉得你们可以把步骤写得更加清晰一点，而且那个种子是怎么粘在气球上的呢？

生：谢谢，请坐。这个问题我们下去后再次讨论。

生：种子在气球里面，吸收不了水，不能长大怎么办？

生：气球过不了多久会自己爆炸的，谢谢你的问题，请坐。（全场掌声）

师：谢谢同学们尖锐的问题和敏锐的回答，掌声鼓励！谢谢第3小组。现在有请第5小组的同学进行分享交流。

生：大家好，我们小组经过商量决定利用动物帮助种子传播。我们先用魔术贴和双面胶把种子模型粘在魔术贴上，因为魔术贴可以粘住头发，所以它也能粘住动物的毛发，这样就可以让动物把种子带去远方。在动物奔跑的过程中，魔术贴会随着它的跳动和奔跑掉下来，种子就能传播了。谢谢大家，请大家提出建议和意见。

生：你刚刚说你们把种子模型用双面胶粘在魔术贴上，那为什么你们的设计图上没有画出双面胶呢？

生：这是我们组没有画好，我们会继续完善的。谢谢，请坐。

生：你们的种子是贴在魔术贴上的，那你们要把它放到哪里呢？它会不会直接被东西盖住，如那种大型动物的粪便。

生：这个问题确实有可能发生，我们组会继续研究的，谢谢。

师：好，谢谢第5小组的同学。现在你们是不是很想把设计图继续完善，并把它做出来呢？

生：想！

教学意图：学生基于所给材料，充分发挥小组智慧，讨论并设计种子传播模型。让学生养成制作前精心设计、改进方案的好习惯。在设计过程中，学生自然地关注到种子的结构与传播方式的联系。在生生互评的环节，学生既能关注到自己的方案，也能学习他人的方案，想法和思维得到了提升。

（四）制作模型，分享交流

师：活动要求：制作模型活动以小组为单位合作完成，做完之后把实验材料收好放回箱子，然后把做好的模型摆放在桌上。我们拭目以待，看看你设计的种子传播模型能否成功。下面请各个小组的实验员来领取材料，开始制作。

（学生制作，教师巡视指导）

师：还剩30秒，请所有的小组把实验器材整理好，把做好的模型放在桌面上，下面我们来进行展示交流。请这个小组的同学来展示汇报，掌声欢迎。

生：我们是利用风的原理让种子传播到远方的。我们用棉絮把种子包起来，用风扇帮忙让它传播，谢谢大家，请大家给出建议。（小组成员在讲解的同时展示模型传播过程）

生：我觉得你们可以把种子粘在棉线上，这样种子就不容易掉下来了。

生：如果风把那个模型吹到某个地方吹不动了，它还可以继续传播吗？

生：可以。

生：那如果棉絮散开了怎么办呢？

生：那就只能传播到那个地方了。

师：把热烈的掌声送给这个同学智慧的回答。刚才他做的模型，假如风不停，那种子是不是可以传到很远的地方呢？

生：是的。

师：说明他们小组设计的模型是有效的，热烈的掌声送给这个小组！

生：大家好，我们设计的模型是借助风的力量来传播种子。我们先把种子模型粘在气球上，把气球吹大之后扎紧封口，在有风的情况下，它就随着风一起传播到远方了。（展示模型传播过程：用扇子不停地扇气球，气球飘了起来）

生：如果风不吹了或鸟把气球啄破了，那么它就传播到那里了。我们小组汇报完毕，请大家给出建议，谢谢！

师：我还发现了一个问题，它落地之后，还在继续滚动。（不好意思，老师打断了，继续）

生：如果你们的种子飞着飞着突然掉下来怎么办？

生：掉下来的话就传播到那里呀。（全场掌声）

生：如果风不再吹了或鸟啄破了那个气球，种子被双面胶粘住了，那它还可以生长吗？

生：双面胶随着时间变长，会慢慢变得没有黏性，最后种子还是会生长的。

师：掌声鼓励，谢谢这个小组。现在请第5小组的同学上来展示一下。

生：大家好，我们组的种子是靠动物来传播的。我们先把种子包裹在棉絮里，因为我们担心用双面胶直接粘会损坏种子，或者种子会直接掉下来，使用棉絮就可以很好地保护种子，棉絮外面粘一层双面胶，然后双面胶外面贴的是魔术贴，魔术贴可以粘住动物的皮毛，动物奔跑一段时间后，模型会脱落，然后风一吹，棉絮就会散开了，种子就掉出来了，落到地上，然后就传播到远方了。谢谢大家，请大家提出意见和建议。（展示传播过程：用玩具羊来模仿）

生：你们的模型外面是有魔术贴的，如果棉絮散开了，魔术贴没有散开怎么办呢？

生：因为我们设计的棉絮一端是没有封口的，所以棉絮散开了，种子就会掉出来，这样种子就能传播生长了。

生：如果经过它的是没有毛的动物，那怎么传播呢？

生：那就等下一个动物呗！（全场掌声）

师：热烈的掌声响起来，谢谢第5小组的分享。现在有请第8小组的同学上来给大家展示你们制作的模型，大家掌声欢迎。

生：我们小组想借助水力来帮助种子传播。我们把种子用一层棉絮包裹住，棉絮中还有一个很小很小的洞，棉絮外包裹一层塑料膜，最外层用透明胶包住，我们把它放到水里，它就会随着水流动，这样它就可以到其他地方了，那么种子就可以传播到其他地方了。我的发言完毕，请大家给出意见，谢谢。

（展示传播过程：将模型放入水槽中，用扇子不停地扇动）

生：需要补充一点，它漂到一个地方之后，透明胶被水打湿，就没有黏性了，它就会打开，种子就会掉在某个地方。

生：如果它一直漂在水上面，然后棉絮打开了，种子掉到水里怎么办？

生：水也可以让种子生长呀，就像我们之前做过的绿豆芽实验一样，水是可以让它生长的，并且水下面也有泥土呀。

生：如果漂的过程中，棉絮湿了，种子就会在水里泡很久，它会不会腐烂呢？

生：我们暂时还没有考虑这个问题，我们会继续讨论更改的。

师：大家做的模型都可以把种子传播出去，所以我们要把热烈的掌声送给自己，那么大自然也会用相似的方式来帮助种子传播，下面请大家看。（出示课件：不同植物的种子）

师：这是一些常见的植物，它们的种子的传播方式是各种各样的，大家能不能找一找，看看你们设计的模型和这里的哪种植物比较相似。小组讨论。

师：哪个小组的同学来说一说？请第1小组。

生：通过讨论，我们做的这个模型最像蒲公英，它是用透明胶粘住的，就像没有散开的蒲公英，当飘到其他地方时，透明胶没有黏性了，种子就会脱落下来，就像蒲公英一样散播到各地。这就是我们组的讨论结果，谢谢大家。

师：蒲公英的结构有个特点，那就是它上面有毛，而且很小很轻，方便借助风传播到远方，大家在说的时候可以说你们小组做的模型跟某种植物相似，相似的原理在哪里。

生：我们小组做的模型是用魔术贴包裹的，它很像苍耳，魔术贴外面可以粘住动物的毛，就像苍耳的刺一样。我的讲话完毕，谢谢大家。

师：还有很多同学高高举着手，由于时间关系，我们一起来回顾一下今天的内容。我们这节课通过设计模型、制作模型、展示模型，发现大家做的模型都可以在自然界中找到它的原型，并且还发现种子传播的方式是各种各样的，不同传播方式的果实或种子具有适应不同环境的形态或结构。

教学意图：在这个过程中，学生通过制作并测试种子传播的模型，感受种子传播的几种方式。在感受到种子结构与传播方式的联系后，再引导学生在生活中找到这些传播模型的原型，让学生感受自然界的神奇，加深对种子传播的理解和印象。

（五）教学后置，拓展延伸

播放视频：植物杀手——薇甘菊。

师：同学们，你们知道这是什么植物吗？它就是被称为"植物杀手"的薇甘菊，它原产于南美洲，现在成了亚热带、热带危害严重的杂草之一，同时已被中国列入首批外来入侵物种。请同学们回到家后在家长的陪同下，调查你家附近是否也有薇甘菊入侵，了解一下它的种子有什么样的结构，它是借助什么力量漂洋过海传到中国、入侵东莞的。

教学意图：通过提供高质量的任务，激发学生继续探究的欲望，打破时空界限，突破学科壁垒，实现课堂无边界。

三、教学评析

"种子的传播"这节课的设计构思精巧，目标设定准确，内容选择合理，条理清晰，层次分明，既体现了科学课程标准基于概念建构的探究教学理念，又培养了学生的科学探究能力，促进了学生思维的发展。

（一）从生活中的科学现象引出探究的问题

问题是探究的开端，科学现象是探究的源泉。在本节课中，教师用生活中常见的科学现象——在石缝中、屋顶上常常长着孤零零的一棵植物引入。是谁把这些植物种在这里的呢？

学生并不是空着脑袋走进教室的。关于这种现象，其实学生是有一些想法的。因此，教师设计了一个对话环节，用以揭示学生的前概念，使学生产生一个可探究的问题，并对此问题产生了探究兴趣。

（二）任务驱动，使学生在设计和制作种子传播模型的STEM活动中理解种子传播的结构

STEM教育是我国科学教育实践中新引进的一种教学理念。它将科学、技术、工程和数学四个学科内容组合，形成有机整体，以更好地培养学生的创新精神与实践能力。STEM教育强调用整合的教学方式使学生掌握概念和技能，并运用技能解决真实世界中的问题。在教学中，教师常常采用基于问题的学习模式，强调把学习设计在复杂、有意义的问题情境中，通过学生合作解决嵌于真实情境中的问题或与真实世界相关的问题，促进学生对所学知识的理解与建构，从而使学生习得隐含于问题背后的科学知识，形成解决问题的技能和自主学习的能力。

在这节课中，教师一反常态没有让学生通过观察自然界中各种种子传播的方式，而是通过一个任务——设计种子传播模型，帮助种子传到远处——来引导学生理解生物体结构与功能的关系。材料是探究的基础，思辨是探究的本质。教师组织学生开始了一个连续的模型设计活动——构思、基于材料的设计、交流与质疑、反思与修改设计、制作模型、效果测试等，充分让学生体验包括依靠风力、水力、动物和自身等条件传播种子的现象。

（三）运用类比推理的方法，帮助学生理解知识，建构科学概念

在学生充分运用工程设计的方法制作了种子传播模型，并理解了种子传播的结构特点后，教师安排了一个"在自然界里找原型"的活动，巧妙地将学生的思维引入了真实的自然界中。学生在观察了自然界中各种种子的传播方式后，将其与自己制作的种子传播模型进行比较，通过类比推理的方式，理解植物的种子在传播过程中其结构与功能的关系，从而建构种子传播方式的概念，认识不同传播方式的果实和种子的结构特点。

在这种课堂上，学生思维活动量较大、质量高，头脑一直处于思考的状态，每个问题的解决都会自然而然地带出下一个问题。这有利于调动学生探究的欲望，并培养学生的逻辑性思维；在为学生开辟一个广阔的探究空间的同时，激发学生观察周围事物的强烈兴趣，培养学生的科学思维品质。

这节课为我们展现了科学课堂中的STEM活动与其他STEM活动的区别：科学课堂中的STEM不是单纯的技术与工程实践活动，而是一种以技术作为支撑的深层次综合性探究活动，指向科学概念的建构或科学方法的习得，以培养学生的科学实践能力，促进其思维能力的发展。

注：评析为广东教育学会小学科学专业委员会理事长马学军

"梁桥的秘密"教学实录

一、教材分析

本课内容是粤教科技版教材五年级下册第二单元"桥梁"第2课"平直的梁桥"。本课包括两部分内容："小桥的承重是多少"和"小桥能够承重更多吗"。结合以往的教学经验和学生实际，教师将教学内容进行了重新整合和创新编排，课题改为"梁桥的秘密"，第一部分为探究提高桥面承重的方法；第二部分为设计制作梁桥模型；第三部分为联系生活实际，拓展延伸。本课的重点是通过研究影响梁桥桥面承重的因素，设计和制作小桥，探究发现梁桥的秘密：梁既能够增加承重，又能够支撑桥面。

二、教学过程

（一）现象导入，任务驱动

师：同学们，这里有条河，如果我想过河，有什么办法？

生：可以搭桥。

师：这个方法真不错！在搭桥时，先在河的两岸建一个桥墩，然后在桥墩上铺设一个桥面（边讲边搭建模型），这样就有了一座简单的小桥，就像老师做的这个模型一样。（板书：桥）

师：这座简单的小桥有什么缺点呢？（将重物放在桥面上）

生：容易塌。

师：没错，它的承重力不够（演示：重物放在桥面上）。（板书：承重能力）

师：你们能不能想办法对它（边拿纸边说）进行加工、改造，提高它的承重能力？（板书：在承重能力后面加↑）

点评：桥梁是生活中常见的一种建筑物。过河、建桥、利用桥梁跨越两岸都是学生生活中的真实情境，学生不难发现桥梁能为我们的出行提供许多便利。基于日常生活的观察，五年级学生已经对桥梁的结构有了一定的认识，如桥墩、桥面等；然而，对于桥梁的巧妙设计、结构原理等与技术与工程领域相关的认知还比较缺乏。因此，本课的导入从建桥开始，用真实的生活促使学生提出问题，并尝试利用纸桥模型对桥的结构进行探究。教师通过简单而直接的演示，引导学生发现用纸张模拟的平板桥的桥面承重能力不强；同时，利用一个具有挑战性的问题，使学生聚焦桥面的承重问题。

（二）初步探究，增加承重能力的方法

师：老师给大家准备了一张A4纸，两个相距15厘米的桥墩，请大家以小组为单位进行探究。要求：①能够承重一个以上的重物；②看谁想到的方法多；③把想到的方法记录在探究卡上，时间5分钟。开始！（学生进行初步探究，教师一边巡视，一边指导、评价）

师：探究时间到。哪个小组分享一下你们的研究成果：进行了几次尝试？用了哪些方法增加它的承重力？

生：先将纸对折，再将纸的两边对折（边讲边折），对折三次（见图1）。

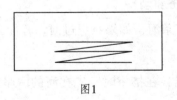

图1

师：你们小组用的是对折的方法（板书：画图）。很好，掌声鼓励。其他小组有不同的做法吗？

生：我们小组做的桥面是平的，左右两边折起来。

师：来，我们试试能承受多少重物（放重物）。这个小组的方法可行吗？

生：可行。

师：掌声鼓励。（板书如图2所示）

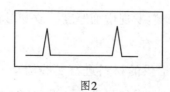

图2

生：我们小组是折成城垛形的，可以承重10个以上的重物。

师：是真的吗？（边问边测试）

生：真的！

师：这种方法很有创意！（板书如图3所示）

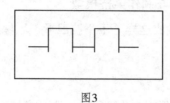

图3

生：我们小组是折成波浪形的，可以承重20个重物。

师：我们来测试一下是否真的能够承重20个重物。

师：哇，太了不起了！！（板书如图4所示）

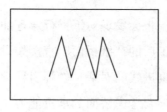

图4

师：同学们，你们刚才想了许多方法来增加纸的承重能力，其实这些方法让纸发生了什么改变？

生：增加了纸的厚度。

生：改变了纸的形状。

生：纸的结构也发生了改变。

师：通过实验探究，我们发现增加厚度、改变形状和结构，可以提升纸的承重能力。

点评：学生利用教师提供的材料进行实践活动，尝试用简单的方法解决纸桥的承重问题。教师对材料进行了筛选，设置了探究任务，并提出了具体的要求，如桥墩的数量、桥墩的间隔、放置的重物等。其目的是让学生尝试对纸进行简单加工，如改变纸的形状、增加纸的厚度等，观察其是否能增加承重能力。这个活动的设计既培养了学生严谨实验的态度和基于证据的意识，也为下一个活动的开展积累了丰富的研究素材。

（三）深入探究：设计与制作梁桥模型

师：如果我们把桥面做成这样（手举波浪形、城垛形纸），行吗？为什么？

生：不行。

师：为什么？

生：如果桥面是波浪形或城垛形的，就不能使车平稳地通行，车会摇摇晃晃。

师：你对问题看得非常准！这样的桥面虽然能够承重，但它不利于通行。

生：因为桥面是尖的，有可能会扎破车轮。

师：说得太好了！

点评：学生通过活动，将会发现对纸进行合理加工后确实能提高纸桥的承重能力。但是，如果将加工后的"纸桥面"直接架设在桥墩之间，是否能满足桥梁的通行要求呢？通过推进式的对话，教师引导学生根据自己的日常生活经验认识到建造桥梁时，不但要考虑桥面的承重能力，还要考虑桥面要怎样设计才能满足通行的要求，为进一步探究梁桥的结构提供思维基础。

师：建造桥梁不仅要考虑承重问题，还要考虑平稳通行问题。请大家利用刚才的研究成果，设计和制作一座既能够承重又可以平稳通行的小桥。为了增加挑战性，我把桥墩距离增加到25厘米，桥面宽9厘米，建成后还能通行25辆小车（手提重物展示）。老师给大家提供了2张A4纸、2个距离25厘米的桥墩、1把尺子、25辆模型小车。请每个小组用3分钟讨论、设计方案，并记录在探究卡上。（学生讨论、设计纸桥，教师边指导边评价）

师：请各小组根据设计方案，制作小桥，并进行测试，时间为5分钟。（学生深入探究，制作纸桥，教师指导）

师：时间到！究竟你们制作的小桥是否达到了要求呢？我们邀请一些小组举行小桥模型制作的发布会，要求：①你的模型是否完成。②设计、制作的小桥是否满足要求。③向大家介绍一下你的小桥。请其他小组的同学提出建议和意见。

生：大家好，我们的模型完成了，也满足要求。我们用了两张纸，上面铺了一张纸，下面那张纸折叠了四次，比较厚，用来支撑中间，这样保持两边平衡，可以使20个重物在纸桥上放稳。我们的分享完毕，谢谢大家。请大家提出建议和意见。

生：我观察到你们的模型右边有点塌，车在上面行驶会不会掉下来？

生：我们只用了5分钟来完成模型，比较快，所以出现了失误。谢谢你。

师：他们是否真的达到了要求（用尺子测量），桥面宽为10.5厘米，跨度25厘米，非常标准！刚刚其他小组同学提出质疑：这座桥建得有点小问题，希望你下次再建桥的时候，一定要注意让它更加牢固。如果重新给你两张纸，你会从哪些方面改进？

生：如果再给我两张纸，我会用一张纸固定桥面，另一张做桥面的改造。

师：还有其他小组想分享吗？

生：大家好，我们的模型完成了，也可以承载25辆小车的重量，下面还能通一条小船。小桥分为两层（边讲边指着桥），下面这层是波浪形的，我们参考了快递箱的结构，夹层外再覆盖一层纸；多做了一层防护的围栏，防止车辆掉下来；还设置了行人的通道。谢谢大家，请问大家有什么疑问吗？

生：你好，你们为什么要折成波浪形？

生：因为波浪形其实类似三角形，很牢固，就像快递箱夹层一样。

生：好的，谢谢。

师：第6小组的方法很独特、很巧妙，下面是波浪形的纸，上面加一张平坦的纸，很巧妙；外面还加了护栏，非常科学合理，承重力也非常强，非常不错。

生：大家好！我们小组的小桥一开始没有完成，主要是开始将改变形状的纸夹在另一张纸的中间，它不太牢固（边讲边展示），弯曲了一点。后来，莫老师跟我们分享了第6小组的方法，我们借鉴了他们的方法进行改进，将下面的纸折成波浪形，把它搭在桥墩上面（边讲边放），再铺一个平整的桥面，最后把25个重物放上去，成功了。（边讲边放重物，成功后下面的同学由衷地鼓起了掌）

师：同学们的掌声特别热烈，是不是发现这座桥做得特别牢固、平整？非常了不起！同学们有没有发现，各小组设计的小桥有什么相同点？

生：都用了增加厚度和改变形状的方法。

师：说得很好！还有发现吗？

生：莫老师演示的桥，做桥面的那张纸与下面锯齿形的纸结合在一体，两张纸就不容易分开了，很牢固。一些小组设计的桥，两张纸容易分离，就不够牢固。

师：你观察得非常仔细！

生：我发现各小组制作的小桥都分为两层：一层是改变纸的形状，用来增加承重；另一层加一个平整的桥面，利于通行。

师：你非常了不起！我们从刚才的设计和制作活动中可以看到，各组都在桥面下方增加了一些结构，这些结构既增加了桥面的承重能力，又对桥面起到了支撑的作用。其实，在真正的桥梁建设过程中，工程师们也运用了这样的结构。我们把这类结构叫作梁（板书课题：梁）。这种以梁作为主要承重结构的桥，就是梁桥（板书课题：梁桥）。它既能承重，又能使小车平稳地通行，还非常牢固。你觉得它最重要的承重结构是什么？

生：我觉得是起支撑作用的结构。

师：那个结构叫什么？

生：梁。

师：是的，这就是梁桥的秘密（见图5）。（板书：梁桥的秘密）

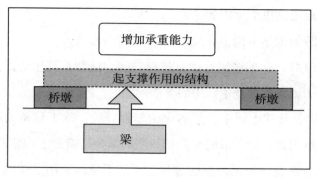

图5

点评：在教师设置的层层深入的问题情境中，学生完成了建造一个既能承重又能使人、车平稳通行的桥梁模型的挑战性任务。为了解决这个工程问题，教师组织学生分小组围绕任务进行研讨，尝试根据一定的科学原理或实践中形成的认识进行设计。

在这个环节中，教师对任务以及所需的材料做了精心的设计，提出了"桥墩距离25厘米，桥面宽9厘米"的设计要求，引导学生充分利用两张长210毫米×297毫米的A4纸设计桥梁。学生在此过程中发现可以用一张纸进行简单加工，如改变纸的形状、增加纸的厚度等，作为主要的支撑结构，并将另一张纸对折后形成平直的桥面，这样就达到了既能承重又能满足人、车通行的要求。在这个活动中，教师利用具有驱动性的任务，激励学生在完成实践性任务的过程中像设计师一样去思考和设计，并测试、调整和完善自己的设计。学生充分应用了本课所涉及的科学知识和思维方法，成功完成了建造一座既能承重又能满足通行需求的桥梁模型的任务。

这个环节的最后，教师及时引导学生观察和思考桥梁模型中的一个关键结构——梁，帮助学生认识原来自己的设计中竟应用了梁的结构，从而在原有认知的基础上建构了新的概念。

（四）联系生活，了解梁的应用

师：你有没有发现，日常生活中哪些地方用到了梁？

生：我们屋顶就用到这种支撑结构，有梁。

生：是！凳子上面也有梁。

生：我发现纸箱里面也用到了梁。

生：我们睡的床垫下面也有梁。

师：说得真好！你的眼睛好像有透视功能，还能看到床垫下面的梁，说明你平时非常善于观察和发现生活中的科学问题。

（展示图片）日常生活中，梁的应用非常广泛。除了建桥用到梁，我们学校的空中连廊也用到了梁，请同学们把热烈的掌声送给善于观察的我们！

点评： 学生在制作桥梁模型的过程中不知不觉地应用了梁的结构。教师通过引导学生寻找生活中梁的应用实例帮助学生进行知识迁移，提升思维深度。

（五）拓展延伸，制作更长的桥

师：同学们，刚才我们用2张A4纸搭建了一座桥面跨度为25厘米、宽为10厘米的梁桥，能够通行25辆小车模型，非常厉害。下面我向大家介绍一座特别、特别、特别厉害的桥——港珠澳大桥。请看视频（播放港珠澳大桥）。

师：看完视频，你是否为我们的祖国感到骄傲和自豪？！课后，请大家也完成一件令人感到骄傲和自豪的事：搭建一座跨度更长的桥。要求桥墩之间距离为50厘米、桥面宽为10厘米，能通行50辆小车。请同学们课后继续研究。这节课就上到这里，同学们再见！

生：老师再见！谢谢老师！

点评： 科学课的学习不应局限于教材的内容或素材。教师适时地结合新闻热点补充新的素材，既拓宽了学生的视野，又引发了学生对祖国科技进步的自豪感，培养了学生的爱国情感。

在本课的最后，教师没有把下课的铃声作为教学的终点，而是通过再提出新的挑战性任务，激发学生的探究欲望，为后续进一步研究各种类型桥梁的内容做好了铺垫。

注：评析为广州市黄埔区小学科学教研员游月殿

课例一 "荔枝与莲雾"学习单

探究规律课　四年级下册第1课

现象引入	**现象**：荔枝园里种植了很多荔枝和莲雾，一共有几棵荔枝树和莲雾树呢？哪些植物跟荔枝和莲雾相似？ **现象来源**：生活现象。 操作要点：先让学生回忆校园里有几棵荔枝与莲雾，然后出示校园里荔枝与莲雾的图片，引发学生的认知冲突，最后进一步引导学生思考校园里还有哪些植物像荔枝、莲雾。
探究活动	**任务一**：荔枝与莲雾的茎长什么样？ 1. 我们如何观察、记录荔枝和莲雾的茎呢？ 操作要点：引导学生思考观察顺序、观察方法和观察工具，可用简图来记录树茎的特征。 2. 荔枝与莲雾的茎有什么特点呢？ 操作要点：引导学生抓住植株的高矮，主干是否明显、坚硬，主干表皮的颜色、纹理进行观察。 表格： | 植物 | 茎的特征 | | 荔枝 | | | 莲雾 | | **任务二**：荔枝与莲雾的叶及其他器官有什么不同？ 1. 荔枝与莲雾的叶的形状、大小、颜色等有什么不同？ 2. 荔枝与莲雾的花、果实又有什么特征？ 操作要点：引导学生用科学语言进行描述，并及时进行评价。

植物	叶的特征	果实的特征	……
荔枝			
莲雾			

探究活动

任务三：校园里还有哪些乔木呢？

1. 荔枝与莲雾的植株有哪些相同特征？

2. 校园里还有哪些植物属于乔木呢？你的判断依据是什么？

操作要点：引导学生先概括出乔木的特征（植株高大，有明显且坚硬的主干），然后以此为依据来判断哪些植物属于乔木，及时对学生的判断进行评价。

植物	是否属于乔木	判断依据

问题解决

迁移与运用：1. 荔枝和莲雾都是乔木。乔木的特征是：＿＿＿＿＿＿＿。

2. 校园里的＿＿＿＿＿＿＿＿＿＿＿＿＿＿都属于乔木。

思路反刍：这节课，我们研究荔枝与莲雾用了哪些探究方法？观察顺序是怎样的？

无边界：旅人蕉的茎有双臂合抱那么粗，高23米以上，它是否属于乔木？为什么？

操作要点：①引导学生对本课的探究方法（观察的顺序、比较、归纳演绎）进行回顾、反思。②出示旅人蕉的图片，设置认知冲突：植株高达23米，有明显且坚硬的主干的旅人蕉为什么不属于乔木？

设计意图：学习单是问题主线的物化和外显，主要包括现象引入、探究活动、问题解决三个栏目，这三个栏目的设计都包括三个层次。

1. 现象引入的三个层次

现象引入（问题的提出）是在研读教材、深入理解教材的基础上进行提炼，提出的问题属于大问题，可分解出探究活动的任务串，还与问题解决有关联，它包括三个层次：激发学习兴趣、聚焦核心概念、指向高阶思维。

第一层次——激发学习兴趣，如我们校园种植了不少果树，其中有荔枝，还有莲雾。校园里有多少棵荔枝、莲雾？你能找到它们吗？

第二层次——既激发学习兴趣，又聚焦核心概念，如我们校园种植了不少果树，其中有荔枝，还有莲雾。校园里有多少棵荔枝、莲雾？它们有什么共同特征？

第三层次——既激发学习兴趣，又聚焦核心概念，还指向高阶思维，如我们校园种植了不少果树，其中有荔枝，还有莲雾。校园里共有多少棵荔枝、莲雾？校园里还有哪些植物像荔枝、莲雾？

2. 探究活动的三个层次

学习单的核心价值在于问题和问题串。探究活动即任务串聚焦教师的教与学生的学，突出现象教学探究的有序性（建立科学的探究任务和安排合理的探究环节）和思维的深刻性（掌握探究方法和建构科学概念），包括探究有序、支架有效、思维深刻三个层次。因此，我们在设计任务串（问题串）时，不能只是简单地把陈述句变为疑问句，问题的设计一定要有质量，要变"知识呈现"为"问题驱动"。"我们如何观察、记录荔枝和莲雾的茎呢？""荔枝与莲雾的植株有哪些的相同特征？""校园里还有哪些植物属于乔木？你的判断依据是什么？"这些问题串既让探究活动科学有序，又符合学生的年龄特征，成为有效的学习支架，还聚焦思维的发展，关注高阶思维。

3. 课堂无边界的三个层次

课堂无边界是课堂引向课外的迁移，包括内容的迁移、兴趣的迁移和思维的迁移三个层次。

第一层次——内容的迁移，如小区的花园里有哪些植物属于乔木？它们有什么特征？

第二层次——既有内容的迁移，又有兴趣的迁移，如世界上最高的乔木叫什么名字？原产地在哪里？最高有多高？有什么特征？

第三层次——既有内容的迁移，又有兴趣的迁移，还有思维的迁移，如旅人蕉的茎有双臂合抱那么粗，高达23米，它是否属于乔木？为什么？

课例二 "种子的传播"学习单

探究规律课 四年级下册第4课

第一课时

现象引入	（出示图片）同学们，高高的屋顶瓦片上长满了黄鹌菜。 你有见过这样的现象吗？黄鹌菜的种子是怎么落到屋顶瓦片上去的呢？
探究活动	

一、是谁把黄鹌菜种在房顶瓦片上的？黄鹌菜的果实（种子）的结构有什么特点？

资料：

黄鹌菜种子长1.5~2毫米，冠毛长2.5~3.5毫米。

植物	果实种子的结构特点	猜测其传播方式
黄鹌菜		

续 表

探究活动	二、它们是怎么传播的？ 1. 大自然中还有其他借助风力传播种子的植物吗？它们有什么结构帮助它们借助风力传播种子？ 2. 以下这些植物是通过什么方式来传播种子的？ （填序号　①风力传播；②水力传播；③自身弹力传播；④动物传播） 操作要点：①问题1引导学生从大小、结构、重量来进行观察，并做好记录。②问题2引导学生先从风力传播开始，根据生活经验，列举木棉、槭树、蒲公英等具有棉絮、翅、冠毛等结构的其他风力传播种子的植物，再引导学生观察其他植物果实和种子的结构，猜测其传播方式（水力、自身弹力、动物传播），理解"植物的果实或种子具有适应不同环境的形态或结构"。

植物	莲	椰子	鬼针草	桑	酢浆草
猜测其传播 方式					

问题解决	**无边界**：东莞生长了很多薇甘菊，成片的薇甘菊甚至对人们的生活产生了影响，使其他农作物无法正常生存。薇甘菊是入侵物种，它有哪些结构特点？靠什么方式传播种子？你能给农民伯伯提一些防止薇甘菊入侵的建议吗？ 操作要点：回到生活中的薇甘菊入侵现象，引导学生利用本课学习的知识，观察薇甘菊果实、种子的结构特点，解决实际问题，培养学生的迁移运用能力。

第二课时

现象引入	（演示一颗种子落地）同学们，一颗普通的种子能靠自己传播到很远的地方吗？显然不能，那我们能不能给它增加什么结构，让它可以借助风力进行传播？
探究活动	**一、怎样让一颗种子借助风力传播到更远的地方？** 我的设计 模拟的植物：＿＿＿＿＿＿＿＿＿＿ 模拟传播方式：风力传播 增加的结构：棉絮□　冠毛□　翅□　其他＿＿＿＿＿＿ 选用材料：棉花□　气球□　棉线□　桌布□　塑料膜□ 　　　　　魔术贴□　橡皮泥□　双面胶□　其他＿＿＿＿＿＿ 设计简图： ▼ **二、怎样改进你的模型？** 　　操作要点：①问题1引导学生利用不同的材料设计一个借助风力进行种子传播的模型，并且制作出来。②问题2基于制作出来的种子传播模型，引导学生分享并发现自己模型的不足之处，予以改进。
问题解决	**无边界**：怎样制作一个借助水力、动物或自身弹力传播的模型？ 　　操作要点：引导学生制作其他种子传播模型，更加深入地认识种子传播的方式。

课例三 "神奇的电磁铁"学习单

探究规律课 六年级上册第12课

现象引入	同学们，上节课我们认识了电磁铁，这节课我们继续研究电磁铁。（板书：电磁铁） 请大家看一看老师给大家准备了哪些实验材料。 请大家利用这些材料做一个简单的电磁铁，并去吸回形针，数一数，看能吸起多少枚回形针。
探究活动	1. 电磁铁的磁力大小可能与什么因素有关？你怎样设计实验来证明？ ⬇ 2. 利用现有材料，制作一个电磁铁，看谁的电磁铁吸起的回形针最多。 ⬇ 3. 电磁铁这么神奇，你觉得它可以给我们的生活带来什么便利？

续 表

探究活动	操作要点：根据学生实际情况，探究影响电磁铁磁力大小的因素。本课的难点是探究影响电磁铁磁力大小的因素。根据实际，他们猜想影响电磁铁磁力大小的因素不难，难点在于如何设计实验进行验证，得出科学的结论。这就需要教师引导学生采用对比实验，注意在对比实验过程中控制变量。通过探究电磁铁磁性大小的活动，培养学生观察、分析、制作、设计实验、实验操作的能力。
问题解决	**无边界**：了解日常生活中什么机器、电器应用了电磁铁。 操作要点：回到日常生活中，考查学生知识迁移运用的能力，看学生能否观察到生活中哪些机器和电器应用了电磁铁。

课例四 "车动了吗"学习单

探究规律课 四年级下册第14课

现象引入	**现象**：汽车从车站开出，波波、妍妍和琪琪坐在车上，看到车窗外的物体在移动，妍妍说："大家坐稳了，车开了。"但琪琪却感觉车没有开。为什么两个人的判断不一样呢？如何判断物体发生了运动？ **现象来源**：生活现象。 　　操作要点：播放动画视频，引发学生的认识冲突——为什么同在一辆车上的两个人对"车是否开了"判断不一样？从而引发学生思考"如何判断物体发生了运动"。
探究活动	**任务一：车在动吗？** 　　1. 在平稳行驶的车上，相对于站台上固定的物体，你能感觉车在运动吗？ 　　操作要点：引导学生以站台上固定的物体为参照物来判断。 　　2. 如果不看窗外，你能感觉车在运动吗？ 　　操作要点：引导学生以车内的物体来为参照物判断。 **小车在动吗** <table><tr><td>相对于窗外的树、路牌</td><td>小车是：</td></tr><tr><td>相对于车里面的椅子</td><td>小车是：</td></tr></table> 　　3.如何判断物体发生了运动？ 　　操作要点：引导学生分享交流自己的观点，在"一个物体相对于某些物体是运动的，相对于另一些物体是静止的"的认知基础上总结提炼核心概念。 **电梯、缆车运动了吗** <table><tr><td>你怎样知道电梯运动了</td><td></td></tr><tr><td>你怎样知道缆车运动了</td><td></td></tr><tr><td colspan="2">要判断一个物体是否运动，先要确定＿＿＿＿＿＿＿＿＿</td></tr></table>

续 表

| 探究活动 | **任务二：物体的位置变化了吗？**

1.物体运动时，它们的位置会发生变化吗？

操作要点：引导学生先选定参照物，再思考判断运动的物体与参照物的位置是否发生了变化？

2.图片中哪些物体的位置发生了变化？发生了什么变化？

操作要点：引导学生先选定参照物，再思考判断哪些物体与参照物的位置发生了什么变化，用方向与距离来描述位置的变化。 |

哪些物体的位置发生了变化	发生了什么变化

| 问题解决 | **习得科学概念**：要判断物体是否运动，先确定_____后，再根据_____。

无边界：据报道，第二次世界大战期间，一名法国飞行员在2000米高空飞行时发现身边似乎有一条"小虫子"在游动。他以为是一只小昆虫，抓来一看，令他大吃一惊，竟然是一颗德国子弹。请问这则消息是真的吗？徒手真的能抓住高速飞行的子弹吗？

操作要点：①习得科学概念要加强自我评价："如何判断物体发生了运动？"这个问题是否解决、解决得如何？是否理解"判断物体是否运动要看相对于参照物而言物体的位置是否发生变化"。②课堂无边界要先充分利用学生的旧知（子弹飞行速度很快，徒手无法抓住子弹）引发学生的认知冲突，然后引导学生用新知去分析判断"飞行员手抓子弹"的消息是否真实。 |

课例五 "风帆小车"学习单

创造作品课 四年级下册第17课

现象引入	**现象**：人们利用风力为帆船航行提供动力，有什么办法让小车借助风力跑得更快、更远？ **现象来源**：生活现象。 操作要点：播放帆船航行的视频，引导学生观察后迁移运用：思考让普通的小车借助风力跑得更快、更远的方法。
探究活动	**任务一：如何设计风帆小车？** 1. 设计风帆小车需要考虑什么因素？ 操作要点：先让学生独立思考，自主学习，然后小组研讨。在小组研讨时，教师以参与者的身份引导学生从风帆的材料、形状、大小、安装的位置和角度等方面进行思考并做记录。 2. 你认为哪些因素比较关键？ 操作要点：引导学生在小组研讨的基础上进行分享交流，深入研讨。 风帆小车设计方案 1. 需要考虑的因素 2. 设计图（图文）

续 表

任务二：如何制作风帆小车？

1. 如何分工合作制作风帆小车？

操作要点：引导学生根据设计图，确定选用什么材料，制作什么形状的风帆，确定如何进行分工合作。

2. 你打算把小车安装在什么位置？

操作要点：引导学生思考将风帆安装在小车的不同位置可能会有什么影响。

3. 风帆小车能动起来吗？

操作要点：测试成功要及时进行评价，让其他学生参与评价；如果测试不成功，要引导学生分析失败的原因并指导学生解决问题。

任务三：影响风帆小车运动的因素有哪些？

1. 为什么有些同学的风帆小车运动快、跑得远，有些同学的风帆小车运动慢、跑得近？

操作要点：引导学生将测试结果与任务一中需要考虑的因素相结合，进一步分析影响风帆小车运动的因素。

2. 你打算如何验证？

操作要点：引导学生用之前学过的对比实验，通过控制变量来研究哪些因素对风帆小车的运动有影响。

探究活动

影响风帆小车运动的因素探究卡		
影响因素		实验方法
实验步骤		
实验现象		
实验结论		

问题解决

无边界：根据你的研究和同学的建议，你打算从哪些方面进一步改进风帆小车，让它跑得更快、更远？

操作要点：引导学生从材料、形状、工艺、成本、效果等方面进行分析、评价与建议（创新），让学生有激情、有兴趣利用课外时间进一步探究风帆小车跑得更快、更远的方法。

本学习单的设计意图如下。

1. 问题凝练，激发思维兴趣

现象教学以问题解决为课堂学习的主线，即将教材呈现的知识进行分析整合，提炼出核心问题——问题凝练。它有两条路径：生活现象与实验现象。本课问题凝练路径源于生活现象，突出现象教学中现象的真实性，即创设真实情境，提出驱动性的问题。

本课的核心问题是："有什么办法让风帆小车跑得更快、更远？"它是通过三次整合而产生的：第一次整合以新授教材为基础，即设计风帆小车时，需要考虑什么因素？根据自己的设计，选用材料制作风帆固定在支架上，然后安装在小车上；尝试用风驱动风帆小车。第二次整合以关联教材为依据，即与三年级下册第二单元"简易肺活量""自制小喷泉"关联。第三次整合结合四年级学生的学情特点，即在生活中对利用风力可以驱动风帆有初步认识，但是对影响风帆小车运动的因素却没有深入的了解。

"有什么办法让风帆小车跑得更快、更远？"它聚焦核心概念——影响风帆小车运动的因素有哪些？这个问题贯穿整个教学的全过程，既分解成问题串，又与课堂无边界关联。

2. 问题探究，培养问题意识

现象教学的重点在于探究活动，即问题串。本课设计的三个探究任务"如何设计风帆小车？""如何制作风帆小车？""影响风帆小车运动的因素有哪些？"层层递进，属于进阶式。任务串聚焦教师的教与学生的学，突出现象教学探究的有序性和思维的深刻性。2017年颁布的新课标特别强调："要保护孩子们的好奇心和未知欲，培养学生提出问题、分析问题和解决问题的能力。"因此，探究活动要培养学生的问题意识，聚焦学生思维发展：首先，引导学生善于观察，提出问题（各小组设计不同的风帆小车进行测试，效果不一，引导学生思考"可能是什么因素影响了风帆小车的运动"）；其次，引导学生敢于实践，探究问题（针对影响风帆小车运动的因素，进一步设计研究方案并进行深入研究）；最后，引导学生乐于运用，解决问题（运用探究所发现的科学规律——风帆的大小、形状、材料，安装的角度、位置都会影响风帆小车的运动，设计制作跑得更快、更远的风帆小车）。

3. 课堂无边界实现思维迁移

课堂无边界是课堂引向课外的迁移，即设计由于条件限制无法在课堂完成的探究任务让学生在课外完成，要紧扣核心概念，除了内容的迁移、兴趣的迁移外，更要有思维的迁移，关注高阶思维。

本课课堂无边界的第一个版本是"制作一个不一样的风帆小车"，第二个版本是"制作一辆跑得更快、更远的风帆小车"，第三个版本改进为"根据你的研究和同学的建议，你打算从哪些方面进一步改进风帆小车，让它跑得更快、更远"，它既激发了学生课后继续探究的兴趣，又紧扣核心概念，还指向高阶思维——分析、判断自己制作的风帆小车跑得不够快、不够远可能跟什么因素有关，如何解决这个问题。

"课堂教学要做到传授知识和培养思维兼顾。培养学生良好的学习习惯和思维品质是课堂教学的要义，是教学之于学生最有意义之所在。"因此，我们研究、设计科学学习单一定要聚焦思维的发展，回归思维本位，让学习单成为教师教学、学生学习的好支架，成为科学教学方式变革的有效载体。